病

第三集

是教養出來的

12感官之初階感官

落英繽紛，鳥語花香，四季輪轉，
滋養孩子的各種感官，特別是生命覺。

餵養照顧動物，與動物玩耍，
能滋養孩子的觸覺和生命覺。

田間散步、農耕、園藝等與大自然互動的經驗，
對生命覺等感官的開展有很大助益。

參與日常生活的工作，特別是準備食物，
對生命覺產生良好的影響。

說演故事、角色扮演、老師為孩子彈奏里拉琴等，
與積極的記憶和生命覺有密切關係。

打麵粉做生日蛋糕、揉麵團做饅頭等烘焙工作，
對生命覺有良好的影響。

溫柔有意義的觸摸刺激和擁抱，能滋養觸覺。

有愛意的身體照料能滋養孩子的觸覺和生命覺。

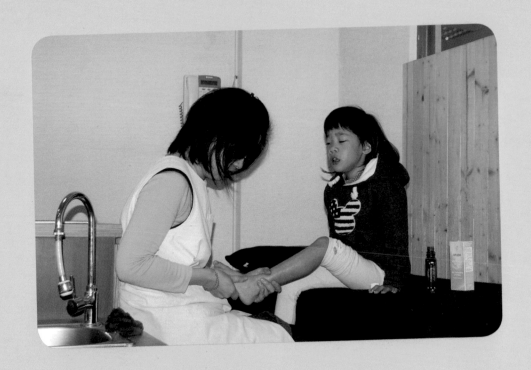

把樹枝伸到水裡感覺一下，是觸覺的延伸。

用夾子夾落葉和用手直接撿拾落葉是不同的觸覺經驗。

玩泥巴和玩沙可創造非常不同的觸覺經驗。

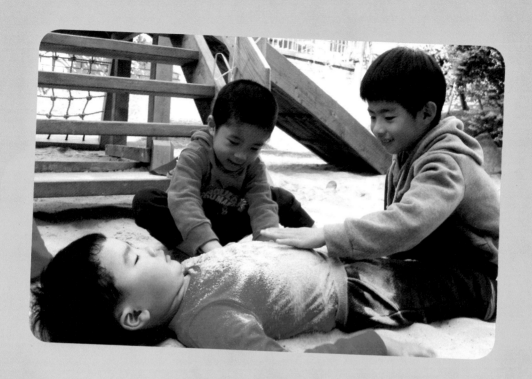

風雨無阻，穿著雨衣也要去晨間健走，
對十二感官及意志力的培養有著關鍵性的影響。

走累了要休息，口渴了要喝水，
都是生命覺的基本能力。

在大自然中自由玩耍、快樂的活動、游泳、遊戲等，是動覺和平衡覺發展的必要條件。

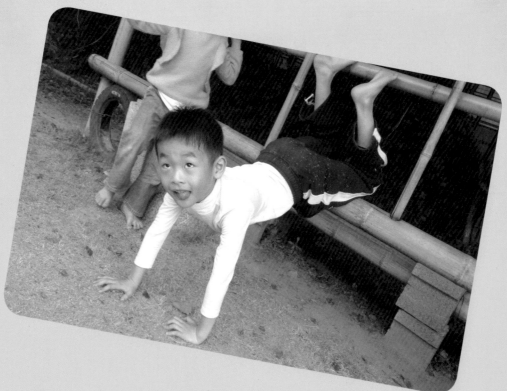

各式各樣跳繩的方法，能支持運動技巧的發展，有助於動覺和平衡覺。

設有障礙及挑戰性的活動能支持孩子動覺和平衡覺的發展。

滾輪胎和疊輪胎等遊戲有速度感、方向感、平衡感作用其中，特別對動覺和平衡覺發展有良好助益。

體驗重力的活動是發展平衡覺的基礎。

攀爬活動對動覺和平衡覺的發展有很大的幫助。

走平衡木、矮牆、斜坡，或是玩平衡器等，協助動覺和平衡覺的開展。

洗布巾、鋸木頭及其他能讓孩子嘗試去做的工作，
對孩子十二感官的開展有良好助益。

手工編織包含了對稱感、方向感、順序感，
有助於孩子內在的平衡感及內心的平靜。

繪畫等藝術活動與十二感官的發展有非常緊密
的連結。

每天晨圈律動的過程滋養孩子的各種感官。

因為要掌握與前面和後面同伴之間的空間距離，
幼兒能好好的排隊行進就是一件非常不容易的事，
這與平衡感的發展有關。

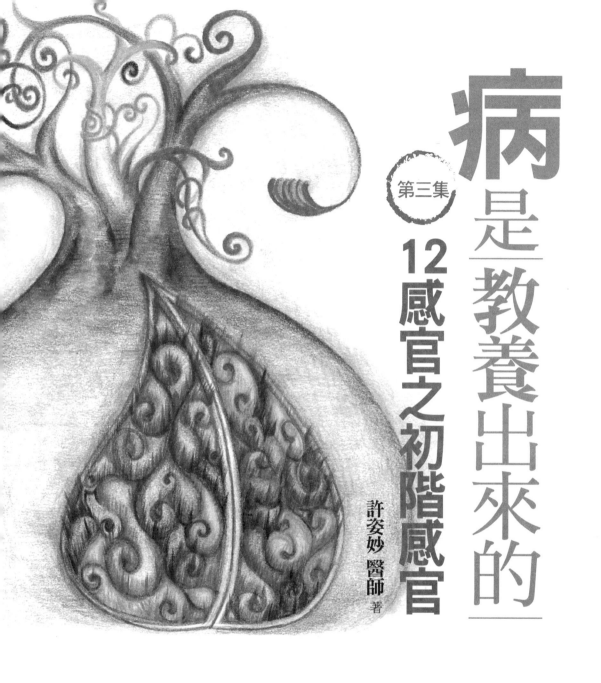

病是教養出來的

第三集

12感官之初階感官

許姿妙 醫師 著

因為不認識12感官，大家都受苦了，孩子更成為大人無知下的最大苦主！

家長別再乾著急，老師別再怨嘆孩子好難教，

12感官為教養指引明燈，從此豁然開朗天地光明。

老師、家長與醫生聯手造成的「冤情」

促使我決定完成這本書的最大動力，來自於一件門診病例。

那是一位憂心的媽媽，帶著八歲的女兒來看「外陰部紅腫瘙癢」。這孩子搔抓外陰部的病史已經長達五年，從她三歲開始，媽媽幾乎天天帶女兒遍訪高明，其中大多數都是婦產科醫師。一開始，小女孩患部的外觀並沒有任何症狀，醫師檢查也找不出異樣，只能開給她止癢藥膏。可是小女孩仍然繼續搔抓，醫生一個換過一個，處方藥也從一般的止癢藥膏改為類固醇，萬一抓破就用抗生素，有時甚至必須口服類固醇止癢消腫。

我不得不好奇，一個三歲孩子的外陰部瘙癢為什麼得看五年的醫生，而且還看不好，病情從最初外觀上沒有任何異狀，看到現在外陰部又紅又腫，症狀顯然越來越嚴重。

我詢問小病人的媽媽，孩子這個症頭當年是如何開始的。原來，這個「病」最初還是幼兒園老師發現的。那一天，她去學校接孩子放學，老師湊過來對她說：「妳這孩子好奇怪。中午睡午覺的時候，她總是蓋著棉被摩擦自己的『小妹妹』。」老師還加碼補充說道：「我們學校其他小朋友都不會這樣，就只有她，她真的很奇怪。」

老師所謂的「摩擦自己的『小妹妹』」，用專業術語來說，就是「摩擦外陰部」，或是「刺激生殖器」。媽媽聽了老師這樣說，緊張得不知如何是好，婆婆是家中的意見領袖，堅持一定要讓孩子去看婦產科。可是婦產科醫生反覆檢查，完全看不出所以然。

　　我一聽到孩子的表現，腦海裡立刻浮現「生命覺和觸覺感官失調」，於是問小患者的媽媽說：「孩子三歲那時候，妳是不是很忙，忙到沒時間陪孩子？」

　　「是啊，那時候孩子的爸爸掌管家族事業，婆婆接下很多大張訂單，我們忙到昏天暗地，所以我對孩子完全沒耐性，她只要靠過來喊『媽媽』，我連她的話都來不及聽就立刻趕她去玩，要她別煩我。」

　　年幼的孩子需要大人的協助與情感的關懷，卻總是被忽略和拒絕，得不到最基本的生命需求，會造成生命覺失調。為了滿足自己的需求，孩子必須尋求其他的刺激感，而人體的生殖器是最令人興奮的部位，所以孩子會很自然的去搔抓或玩弄。小女孩是在家中被忽略，所以她就選在一個場地和時間都能讓她感覺安全放鬆的時候，也就是幼兒園的午睡時間，尋求自我刺激，藉此獲得滿足。

　　十二感官裡的生命覺能帶給人全身的滿足與安適感，這孩子因為缺乏來自媽媽的關懷與愛的滿足，所以透過這樣的自我刺激製造興奮感，來彌補得不到的滿足與安適感，這其實是生命覺失調的孩子十分常見的表現之一，特別是幼兒。

這個病例讓我不只是「驚訝」，更是「驚嚇」。驚嚇於身為一名專業的教育工作者，孩子的幼兒園老師竟然對兒童的感官及身心發展了解如此貧乏，以至於對家長說出「你的孩子很奇怪」這種話。婦產科醫生對小兒的身心發展當然欠缺理解，所以自然而然的把三歲女童當成小大人在治療。而孩子的媽媽更是外行，聽到老師說孩子行為怪異她就緊張，遍訪醫生都醫不好她更焦急，從頭到尾就只能當一隻熱鍋上的螞蟻。

這是老師、家長與醫生三組人馬聯手造成的「冤情」，因為不懂得幼兒的感官發展，而把單純的感官發展失調當成疾病來醫，沒病醫到變有病，無辜的小女孩不僅受到反覆的肉體折磨，也承受精神上的摧殘。

痛心之餘，更讓我深切體認到無論是家長、老師或醫生，都不能滿足於所學的現狀，而必須不斷的學習再學習。如果他們對十二感官的內涵有所認識與理解，孩子就不至於受這麼大的苦。特別是老師與家長，兩者都是以照顧和教養孩子為專業，更應該清楚理解孩子的身心發展特質，方能夠判別孩子是否在正常狀態下成長和發展。

基於強烈的使命感，我決定再忙也一定要完成本書，有系統的說明十二感官的內涵與實際應用。特別是初階感官，每一個孩子的生命品質都奠基於初階感官的開展，我們終其一生的作為也都決定於初階感官的形成之初，所以才會有「三歲看大，七歲看老」的俗語。

本書聚焦在初階感官的說明與實際應用，包括：四種初階感官如何

作用於一個人？如何開展幼兒的初階感官？初階感官發展失調會造成幼兒的哪些行為表現？什麼樣的教養方式導致幼兒初階感官發展失調？大人應該如何幫助初階感官發展失調的孩子？

　　誠摯希望本書能為煩惱不已的家長和老師撥雲見日，可以為台灣的教育略盡棉薄之力，發揮聚光的作用，共同照亮孩子的大未來。

許姿妙

目錄

Chapter 4 自我運動覺

Chapter 5 平衡覺

Chapter 1

認識初階感官

· **觸覺**

物質體的感覺：「我擁有我的身體」

心魂的感覺：安全感（反之，容易感到恐懼害怕）

靈性能力：無私無我的能力

· **生命覺**

物質體的感覺：「我在我的身體裡面」

心魂的感覺：滿足感與和諧（反之，常感到羞愧或懷疑他人）

靈性能力：每一個人都和我一樣重要

· **自我運動覺**

物質體的感覺：「我的身體沒有阻礙」

心魂的感覺：內心的自由（反之，內心充滿無力感，事情未做就先放棄）

靈性能力：同理心

· **平衡覺**

物質體的感覺：「我就是我」

心魂的感覺：我是獨一無二的，但是可以和他人共享空間（反之，自我毀

　　　　　　　滅、破壞他人）

靈性能力：公正與公義

「感官」是什麼？

感官是不需經過思考，就可以直接感受外在環境與內在身體的能力，所以透過十二感官與外在世界接觸，其本質是意志而非認知，這些感官是主動而非被動的進入世界；也就是說，感官透過我們的意志主動與周遭人事物交會。人類必須透過感官來認識自己和他人，以及周遭事物，感官發展愈好，其意志就愈能夠主動進入世界。

只會吃喝拉撒睡的小嬰兒，肚子餓了就哇哇大哭，餵飽以後立刻眉開眼笑；蹣跚學步的小朋友，搖搖擺擺的走著，一個不小心撞到桌角，剎那間又驚又痛，但是他從此以後就開始注意到「桌角」這個東西了。

孩子會透過觀察媽媽的表情和行為，知道何時是要糖果的好時機。我兒子從小就善於察言觀色，尤其總是故意趁我講電話講得正入神，跑來問我能不能吃這個那個，因為他看準了我這時候無暇他顧，所以自己「得逞」的勝算很高。這也是感官的妙用之一。

我們會經驗到快樂、羞愧、得意、悲傷、沮喪、痛苦、孤單等等感受，這些感受都不是經由身體的某個特定器官所營造出來，而是人智醫學所說的「心魂」作用，是屬於「心魂生活」的覺知。

● 感官能力退化的現代人

所有的覺知都是肉眼看不到的,但是它們的作用確實存在,就好像我們看不到電磁波,卻能利用它們來煮菜加熱、進行通訊傳遞、手術開刀或美容整形。小孩子仍然保有很多原始的感官能力,所以能夠和「小天使」溝通,可是大人沒有了這樣的能力,就會將其視為無稽之談。

生活在「科學化」時代的現代人,感官能力已經大為退化,因為在凡事講究科學邏輯的社會,樣樣都需要經過科學化的數據分析,感官能力這種不能以科學量化的覺知,自然被棄如敝屣。以醫療為例,現代化的醫院裡滿是精良的尖端檢測儀器與設備,X 光、超音波、血液檢查等都只是基本配備,後續還有電腦斷層、核磁共振、正子掃描等大陣仗伺候。當醫院可以做的檢查越多,醫生用感官來暸解病人的能力就越弱。

中醫看病有「十問」,對病人至少要問上十個問題:一問寒熱二問汗,三問頭身四問便,五問飲食六問胸,七聾八渴俱當辨,九問舊病十問因。也就是把病人從頭到腳、從裡到外、從遠到近問仔細。

中醫診病還講究望、聞、問、切這「四診」,也就是透過觀察病人的氣色、五官表情、說話聲音的品質、身體的氣味、脈象的表現等,綜合判斷病人的問題所在。無論是「四診」或是「十問」,所有的訓練無一不是在提升醫生的感官覺知能力。

儘管中醫學目前仍努力保留這樣的能力價值,可是畢竟違背了當前

的「流行趨勢」，也就是「不問感官問機器」。西方醫學對醫生雖然也有「視、觸、叩、聽」的感官能力要求，可是醫生如果習慣依賴機器檢測，本人的感官能力沒有充分發展，即使做了「視、觸、叩、聽」，也看不出所以然，摸不出差別所在，又敲又聽還是辨別不出問題，那判斷就容易失準，只好借助更多的儀器來代勞。

● 感官能力是經營良好生活的基本條件

剛出生的孩子，無論是耳朵、眼睛、心臟、肝臟……所有的器官都尚未發展成熟，所以嬌弱不堪使用，也還沒有思考能力可以用來學習。這期間，他們賴以學習的是感官，而不是器官，面對外來的刺激，他們的學習都是透過感官來運作。

因此，感官能力弱的人學習較為緩慢，或者出現學習困難。感官能力越強，學習領悟越快，越懂得經營良好的生活與人生。

認識人體的十二感官

一般對人體的感官能力以「五感」統稱，分別指視覺、聽覺、嗅覺、味覺和觸覺五種感官，五感之外又有「第六感」，專指特殊的感應能力。不過史戴納博士（Rudolf Steiner，1861 年 2 月 27 日～1925 年 3 月 30 日）認為，人體遠遠不只有六感，正確的說，人體應該有「十二感官」，分別是觸覺、生命覺、運動覺、平衡覺、嗅覺、味覺、視覺、溫度覺、聽覺、語言覺、概念覺（思想覺）、人我覺。

所有的感官都不是單獨作業，而是彼此合作。我們可以把人體的十二感官想像成一部腳踏車的十二根支桿，當中只要斷掉一根，踩踏起來必定不順暢，而如果斷掉兩根，腳踏車行進的平衡就會出問題。

現在的孩子，十二感官當中往往會有二到三種感官受到干擾，所以出現越來越多有特殊需求或學習障礙的孩子。他們最大的問題根源，就在於感官發展過程受到不當干擾而造成感官失調。

華德福學校鼓勵家長踴躍參加課程，有系統的認識十二感官的重要意義，把握正確的教育要領，進而在孩子出現發展不協調的時候，知道原因與解決的方法，不至於像許多後知後覺的家長，遇到問題才手足無措，不知如何幫助孩子。

我把本書重點放在十二感官最基本的初階感官，也是最重要的生命

覺、觸覺、動覺、平衡覺，下一本書再談中階感官和高階感官。因為孩
子絕大多數的發展問題，源頭都來自初階感官，而中、高階感官的發展，
也和初階感官的基礎密切相關。例如，觸覺與人我覺的發展密切相關，
概念覺（思想覺）則是由生命覺發展而來，語言覺與運動覺緊密相連，
平衡覺和聽覺無法切割，所以初階感官未能發展得當，中、高階感官也
不容易發展良好。

初階感官：觸覺、生命覺、運動覺、平衡覺；主要發展年齡是 0 ～ 7 歲。

中階感官：嗅覺、味覺、視覺、溫度覺；主要發展年齡是 7 ～ 14 歲。

高階感官：聽覺、語言覺、思想覺、人我覺；主要發展年齡是 14 ～ 21 歲，

並終其一生持續發展。

● 初階感官是十二感官發展的基礎

初階感官是與物質身體（肉體）最直接連結的感官，七歲前的幼兒
必須從體內適當發展出觸覺、生命覺、運動覺、平衡覺這四種初階感官，
以便做為中、高階感官的良好發展基礎。

生命覺發展失調的孩子會表現出過動、神經質、坐立不安

觸覺發展失調的孩子會表現出焦慮、膽怯

運動覺發展失調的孩子會表現出憂鬱憂思（想太多）

平衡覺發展失調的孩子會表現出自尊心受損、自信心不足

　　不少人在講解初階感官時，會從觸覺開始講起，不過我選擇從生命覺開場，因為生命覺直接連結健康的感受，而一個人如果沒有健康就一切免談。生命覺與觸覺總是交織運作，它們是十二感官當中最無法分割的關係，也是人體建立其他感官的基礎。

Column

異位性皮膚炎是生命覺和觸覺感官的缺損引起

異位性皮膚病炎是十分風行的現代疾病，尤其是小病人越來越多。它防不勝防、難以根絕、嚴重影響生活品質、造成外觀上的改變等，一直是很多父母心中的痛。事實上，異位性皮膚炎或是異位性體質，是十二感官裡的生命覺和觸覺這兩種感官損傷的表現。

生命覺失調會引發孩子過動、神經質、靜不下來，觸覺失調則出現膽怯、焦慮的表現，而異位性皮膚炎正是這兩種感官失調的綜合表現。因為真正的病灶在於兩種感官的缺損，醫生即使開仙丹也不能立即解除症狀，最多只能改善30%左右的病情，其餘70%就端靠家中大人的協助。

我曾經治療一名五歲的異位性皮膚炎小患者，他的病情並不嚴重，只在手彎有一小片病灶。可是他卻全身到處抓癢，而且抓得很厲害。我研判他最主要的問題是神經性皮膚炎，因為神經遍布全身，所以他全身都在癢。

孩子的媽媽說，她注意到這孩子情緒不好、沒安全感、面臨刺激或是疲累的時候，抓癢抓得特別兇，尤其是每天睡前他就開始煩躁，像猴子一樣不停抓搔。

這位媽媽的觀察很精準，焦慮的孩子睡前會特別不安。事實上，他們的不安從傍晚就開始了，因為身體的「保護膜」每到此時就逐漸消失

（詳細說明請見＜第三章．觸覺＞）。

這孩子的爸爸望子成龍心切，對他要求嚴厲，說話嗓門又大，有時心急還會打孩子，所以孩子承受很大的壓力，這些狀況都會損傷生命覺和觸覺（詳細說明請見＜第二章．生命覺＞與＜第三章．觸覺＞）。雖然他的異位性皮膚炎並不嚴重，但也始終不能真正痊癒。

去年暑假，孩子的媽媽突發奇想，想要讓孩子開心，於是帶著五歲的他環島旅行。可以想見這是一場多麼令孩子興奮的大冒險，旅行期間作息失序，沿途亂吃，情緒又極度高昂，把生命覺攪得七葷八素。結果暑假一結束，孩子不但皮膚炎症狀加重，又發作鼻過敏和氣喘，一天到晚掛病號。

媽媽的出發點是想要為孩子「紓壓」，但是因為不懂生命覺應該如何照護，結果弄巧成拙。我於是再三叮嚀她，千萬別再帶這個年紀的小孩出遠門，好讓他的生命覺早日恢復過來。異位性皮膚炎能否痊癒，關鍵並不在於醫生的用藥，而是病人與家屬之間關係的改變，以及飲食生活、作息的規律性。醫生只能從旁指導，病人是否願意去做、家人能否配合，才是決定性的關鍵。小病人尤其如此。他們的病無論是因為體質遺傳還是生活與教養環境造成，百分之百都是得自父母，所以大人責無旁貸。大人願意改變，孩子的病情就會進步，大人不能健全自己的教養態度，孩子就必須吃很多苦頭，失去身心健康。

● 「意志力」與「感官」是幼兒發展的二大重點

　　古時候的城門功能在於隔離與管制，所以城門每到晚上就要關閉，不讓人車進出，等到白天再打開，進行正常活動。人體的十二感官就像是一座城市的十二道城門，而幼兒的十二感官則是完全對外開放，就好像這十二道城門無論何時都對外開啟，任隨外界來去。換句話說，外界的訊息無論好壞，都可以自由進出孩子的身體，影響他們的身心。人體十二感官的十二道城門，必須一直等到成年以後發展出成熟的「概念」，才有能力決定何時關閉、何時開啟。

　　以配置有管理員駐守的社區作比方。當管理員通知你有訪客來訪時，你必定會問來者何人，然後決定要不要見這個人；是要請管理員回絕說你「不在」，還是要見訪客；要見的話，是請訪客自己進來，還是你想親自到管理室去迎接。一個發展出成熟「概念」的大人，可以決定自己要如何面對外來的訊息，可是孩子沒有這個能力，特別是七歲以前的幼兒，他們的「城門」始終是大開的，連壞人光顧他也歡喜迎接。

　　雖然大人經常對孩子耳提面命說，「不可以讓壞人進來」，可是對天真善良的幼兒來說，人人都是好人，他們根本沒有分辨好人壞人的能力。大人雖然具備這樣的判斷概念，可是也因此變得僵化缺乏彈性，失

去用感官學習的能力。

《病是教養出來的》第一集和第二集，強調說明七歲前的孩子特別需要發展意志力，這一集則補強另一項能力，那就是「感官」。對七歲前的幼兒發展來說，最重要的兩件事就是「意志力」與「感官」。

想要幼兒充分發展「意志力」與「感官」，沒有大人（無論是父母或師長）的好榜樣是做不到的。好的大人是孩子的一帖良藥，可以讓孩子越來越健康茁壯；擺爛的大人猶如孩子的毒藥，令幼苗枯萎。

不但如此，我們所在的大環境，其價值觀念和生活模式也隨時隨地影響孩子的感官發展。遺憾的是，現代社會並沒有提供幼兒良好的環境，協助他們發展感官，其中最主要的傷害來自不當刺激。不當的刺激有兩種，一種是「過度刺激」，另一種是「不一致的刺激」。

「過度刺激」妨礙幼兒感官發展

「過度刺激」在《病是教養出來的》第一集和第二集有過很多說明。例如，電視的聲光刺激、大馬路旁熙來攘往的吵雜人車、大人高聲講話或吵架的聲音，甚至是一路上喋喋不休的汽車衛星導航系統、人聲鼎沸的餐廳，還是乘坐交通工具時間太久（例如，十二歲前的孩子不宜從事國際長途旅行），都是對感官的過度刺激。

經常容易被大家忽略的過度刺激，還包括「晚睡」這件事。晚睡表示「醒著的時間太長」，這意味著睜開眼睛曝露在光線刺激下的時間過久。

前面講到，孩子的十二道感官大門都是隨時對外敞開的，當環境的刺激太多，讓他們應接不暇，他們就要被迫不斷處理這些外來刺激，而耗弱大量生命力。這樣的孩子通常體型瘦小、躁動、神經質、晚上睡不好，或是太醒覺，有著超齡的成熟，像個小大人似的，失去七歲前孩子應有的「夢幻氣質」。

萬一外界的感官刺激多到孩子真的無力處理，他們就會無緣無故發燒，想要用內在的熱力把這些刺激「燒掉」，不讓它們繼續囤積在體內。被迫做過度學習，或是接收太多刺激的孩子，如果不能藉由發燒把不良感官刺激溶解處理掉，這些刺激將會成為日後慢性病的種子，罹患諸如

類風濕性關節炎、胃潰瘍，甚至是癌症等等慢性硬化的病症。

　　所以說，孩子幼年的生活越單純越好，幼年生活單純的孩子，將來身心都會比較健康。

「不一致刺激」妨礙幼兒感官發展

　　至於「不一致的刺激」，最常見的就是「似是而非」，比方說，某個物體看起來像人，講話像人，動作也像人，卻是個「機器人」。英國研發出一種機器人，專門用來陪伴醫院裡生病的孩子。這些孩子的父母因為無暇陪伴孩子，所以請機器人代勞。有了新奇的看護陪伴，為這些病中的孩子增添不少生活樂趣，因此大受歡迎。然而，看似皆大歡喜的背後，卻沒有考慮到用機器人取代真人的陪伴，會造成孩子「錯把假人當真人」的「不一致」印象。

　　又比如說，在塑膠面印上木紋，看起來明明是木頭，摸起來卻是塑膠，對於正在學習建立正確感官印象的幼兒來說，這又是錯亂而混淆不清的學習。

　　然而這一切混淆都比不上電視。對幼兒來講，生活中最不一致的刺激，莫過於電視。幼兒直到五歲以前，都會以為電視裡真的有人，怪的是，這些人雖然一直講話，可是自己對他們說話，他們卻完全不理睬，這真是個「好不一致的經驗」。

　　漫畫卡通也是生活中典型的不一致經驗。漫畫卡通裡的人物造型是經過扭曲的，他們頭很大，身體很小，或是某些部位器官特別突出，這於是讓孩子從一開始就對人體的形象認知扭曲不實，至少，是和真正的

人體不一致的。所以華德福教育建議不讓幼兒看電視、漫畫，因為這些都會扭曲孩子的感官印象。

那麼，大人應該如何避免過度或不一致的刺激，而給予孩子適度的刺激，讓他們在每天的生活中一點一滴的開展感官能力呢？閱讀本書以後，讀者們自然就會恍然大悟，原來道理是這麼簡單。可是不了解感官如何發展的家長，會老是用錯方法說錯話，造成親子之間的關係越來越疏遠對立，這絕對不是愛孩子的父母想要面對的狀況。

Column

什麼樣的華德福學校才夠「純正」？

這些年來，華德福教育在台灣蓬勃發展，很多關心教育的人問我，如何知道一所華德福學校是否夠「純正」？這樣問真的有些奇怪，但也顯示部分名為華德福的學校，教育品質可能有待商榷。我無法論斷學校的好壞，不過「純正」與否，確實是有條件可循的，那就是「學校能否落實華德福教育的本質」；而落實華德福教育本質的最基本條件，在於「老師能否做出完整且精準的兒童觀察報告」。

老師有能力精細而準確的觀察到孩子的感官發展失衡，才懂得如何用對的方法協助孩子，這就是教育的品質。否則，師長會對孩子的種種行為感到束手無策，怨嘆這年頭的孩子好難帶。而如果連教育專業的老師都拿不出辦法，家長就更加不知所措了。

為什麼孩子有時看似過動，有時又好像特別憂鬱，有時膽小如鼠，有時又暴力上身，孩子這些謎樣的身心變化，都可以在史戴納博士提出的 12 感官裡找到明確解答，外加上解決的良方，說它是現代教育的一盞明燈，絕對不為過。

然而，談 12 感官的人很多，卻往往不知如何將其落實在日常生活，運用於孩子的教養。事實上，老師能否精細而準確的觀察到孩子的感官發展失調，關係著一所華德福學校的教育品質。

● 精準的「兒童觀察」，直接點出孩子的關鍵問題

　　如何見微知著，從孩子平日的言行舉止與表現特徵發現感官發展失調的徵兆，是我這些年來擔任豐樂華德福幼兒園駐校醫師，不斷和老師們齊心努力的重大課題。孩子初期的感官失調只要發現得早，大人很快就可以出手相助，並且看到明顯的改善成果，而如果等到孩子形成過動或憂鬱憂思，才要開始處理問題，那就已經是「治療」層次，而不僅只是生活教養的修正而已了。

　　「兒童觀察」在華德福的教育訓練當中，是一門很重要的課題。「兒童觀察」涵蓋的項目很多，十二感官是其中的一大主題，其他還包括孩子的氣質，以及孩子在意志、情感、思考三種能力的發展，還有身體四個層次的狀態等等。能夠做好兒童觀察的華德福學校，基本上可以算是努力落實華德福教育的學校。

　　對於不善觀察，或是不諳觀察要領的大人來說，孩子本來就是「大同小異」，因為哪個孩子不是愛玩、愛笑、愛哭，老師如果無法看到更深層的細節，和細節背後的意義，那麼寫出來的觀察報告也會「大同小異」，每個孩子寫起來都像同一個，這樣的觀察就沒有太大意義。

　　回想我在國外接受華德福幼兒師資課程訓練時，每每寫起「兒童觀察」報告，總是歷經一番「嘔心瀝血」的過程。除了必須完整消化所接受的華德福教育訓練，還要善用自己長年行醫所歷練的專業敏銳度，從徵兆的蛛絲馬跡抓出關鍵問題，發揮高度的統整能力，再傾盡英文的書寫表達所能，盡力呈現一篇篇觀察精準的報告。

　　回到台灣以後，我先是把自己的觀察心得和幼兒園的老師們分享，然後要求她們也加入觀察的行列，務必讓每一位老師都練就「火眼金睛」，成為教育界的福爾摩斯。他們對每一個孩子都要做出厚達十多頁的年度觀察報告，所以就讀幼兒園三年的孩子就會有三份觀察報告，清楚記載孩子這三年來的發展變化，逐年檢討發展問題是否改善。當孩子幼兒園畢業準備進入華德福小學時，這些報告也要跟著孩子一同入學，交給他的小學老師。

　　事實上，早在小學開學前的一個月，小學老師已經先來到幼兒園，和自己所要接手的班級孩子相處一個月，一面對照這些觀察報告，了解如何對他們個別「因材施教」。

　　經過反覆的琢磨訓練，豐樂華德福幼兒園四年來篩選過多位老師，現在留下來的同仁不但都具備高度的教育熱忱，而且個個成為兒童觀察高手。曾經有一位與會的家長，在聽完老師的觀察報告以後感動的說，他過去一直很自豪對孩子的教育投入，自認為「知子莫若父」，現在聽

完老師的報告以後他也要俯首稱臣，因為他看到的問題老師都看到了，可是他沒有發現的問題老師也看到了，真沒想到竟然有人比他更了解自己的孩子。而他原本打算要帶孩子去看兒童身心科，經過我的講解以後他終於恍然大悟，明白孩子的問題所為何來，所以現在也不必上醫院排隊掛號了。

Chapter 2

生命覺

· 生命覺

物質體的感覺：「我在我的身體裡面」

心魂的感覺：滿足感與和諧（反之，常感到羞愧或懷疑他人）

靈性能力：每一個人都和我一樣重要

認識生命覺

「生命覺」顧名思義就是直接連結生命大事的覺知，它是一個人對自身體質與健康狀況的覺知。「生命覺」能讓我們體察到物質體（肉體）內在狀況的訊息，它所感受到的是——生命力在體內的表現和活動。生命覺並非生命力，但是它能夠表現生命力的狀態；它無關乎情緒，而是反映肉體的健康狀況。

例如，經過一夜的睡眠休息以後，早上甦醒過來，我們首先會直覺感受到——我的精神好嗎？全身筋骨舒暢嗎？還是頭重重的、眼睛痠澀睜不開？這就是生命覺在向我們匯報今天的健康狀態。

也許你每天早上起床總是接到來自生命覺的壞消息，但是你仍然拖著不怎麼旺盛的生命力，日復一日的勉強應付工作，忽略生命覺不斷提醒你「活力已經不足」的事實。

良好的生命覺比世間任何精密檢驗儀器都準確，它可以在儀器還找不出問題的時候，就明白告訴你應該小心了。人體在疾病與健康之間，還存在一個「失調」的灰色模糊地帶，也就是還未構成疾病、卻也稱不上健康的狀態，現代醫學稱之為「亞健康」。生命覺發展良好的人，會提前接收到身體的黃燈訊號，對亞健康有所警覺，透過調整自己的生活習慣或是心理認知，讓身體回復到健康狀態，每天早上起床精神飽滿，

心情大好，等不及要展開活力充沛的一天。但是生命覺發展不良的人，對自己體內的變化十分麻木無感，就算身體警鈴大作，他也充耳不聞，成為病魔最愛的人。

每個人的生命覺差異很大，有的人非常靈敏，有的人則非常混沌不明。就以活命最基本的要求——「飲食」為例，餓了吃飯、渴了喝水，這是生物最起碼的本能，但是有的孩子卻不知飢渴，吃飯喝水都要大人提醒，或是逼著他去做，這明顯是生命覺有問題，才會忽略最基本的生命訊息。

生命覺提供我們身體內在的訊息，讓我們正確掌握內在狀況，以便和外界進行良好溝通。生命覺提供的覺知，可以讓身體在感受到威脅的時候保持醒覺，所以是身體重要的警報系統。生命覺是埋藏在人體十分深處的知覺，我們平時並不會感受到它的存在，唯有當生命面臨威脅的時候，生命覺就會格外鮮明。例如，五臟六腑平日各安其位、各善其功，我們完全不會感受到它們的存在，但是當胃痛的時候，病人才會清楚感覺到自己有一個胃，或是氣喘發作痛苦難當時，才會意識到自己平常其實一直都在呼吸。

生命覺發展的基礎在於身體

新生兒之所以睡這麼久，是因為他們才剛剛從一個沒有物質體框限的靈性世界而來，雖然決定要投胎為人，可是原本那麼自由自在的靈性體現在卻被限制在肉體的軀殼當中，讓他們不開心又不自在，好像關在監牢一樣，形成矛盾的拉鋸。所以新生兒的靈性體經常會脫出肉體，回去自己的靈性世界，這時候的他們便看似陷入深沉的睡夢中。

新生兒的靈性體就在兩邊來來去去，直到幾個月後，終於逐漸適應物質體的幽禁，所以醒著的時間變長了，也開始願意欣賞自己的肉體，眼睛會轉來轉去，自己玩手指頭，還會對人發笑，這就表示嬰兒已經對自己的身體發展出信賴感和穩定感。

不過，信賴感和穩定感並不會無中生有，也不是嬰兒自己就會萌生，而必須來自於大人「發自內心油然而生的虔敬與奉獻，展現對孩子真摯的愛」；也就是說，是大人的態度讓嬰兒知道有人這麼愛自己，所以甘願進入身體的桎梏，選擇繼續留下來。

生命覺健全發展的兩大條件之 1 ──溫柔、平靜且耐心對待孩子

　　剛出生的小嬰兒幾乎整天都在睡，除非肚子餓了或尿布濕了，讓他們非常不舒服，否則他們好像根本不瞭解自己的肉體發生什麼事，由此可知，他們的生命覺仍然很微弱。

　　照顧孩子的肉體和照顧孩子的生命覺是有差別的。照顧孩子的肉體只需要按時餵養、換尿布，讓他們不餓不病就好，可是照顧孩子的生命覺必須要大人「發自內心油然而生的虔敬與奉獻，展現對孩子真摯的愛」。

> 生命覺健全發展的兩大條件
>
> 條件 1. 溫柔、平靜且耐心的對待孩子
>
> 條件 2. 建立正確的生活節奏

● 孩子對美德的模仿是他出生後的第一個能力

　　生命覺發展的基礎在於身體，因為身體感受到大人的溫暖照護和溫柔對待，所以孩子的生命覺逐漸萌芽，而身體就是他們將來在世界上擁

有善良美德的家。想要孩子成為具備善良美德的人，必須從照顧好他們的身體開始，而且是在孩子尚未出生前就殷殷期盼他的到來，從他呱呱墜地的那一刻起，就對他展現無私的愛。

史戴納博士說，「孩子對美德的模仿是他出生後的第一個能力」。孩子來到世界上首先想要模仿的能力，就是人類的美德；而他的學習，是從大人溫柔對待自己身體的態度開始。

孩子在生命之初的無意識當中，無條件相信人類的一切美德。可是萬一他面對的是大人的粗暴對待，會讓他萌生不一致的感覺——人類的作為是有美德的，但是這樣對待我是一種美德嗎？

愛應該是溫柔的對待，但是在無從比較的情況下，他會將大人粗暴的對待誤以為是愛，而產生扭曲的認知——原來，打一個人就是愛他。

孩子對世界上一切美德的深遠信念，來自於出生前幾個月，自己身體所經驗到的對待關係。孩子的未來是否能持續發展人類的美德，出生的最初幾個月就是關鍵期，這時候的良好對待關係包括餵養適當的食物、穿著溫暖舒適的衣服、給予溫暖的照護。

穿著的舒適性之所以重要，是因為衣物幾乎二十四小時接觸孩子的皮膚。而溫暖的照護是指大人富有耐心的、能洞察孩子需求的照料，並且在教養孩子的過程中保持自己內在的平靜，不至於做出十分情緒化的反應。這些都會影響到孩子的生命覺發展，與未來對人類美德的信念。

生命覺健全發展的兩大條件之 2
──建立正確的生活節奏

幼兒的器官尚未發育成熟，而每一種器官都有它正常的運作節奏，例如，心跳每分鐘七十二下，呼吸每分鐘十六次，血液每分鐘循環全身一遍，因此每天有節奏的陪伴孩子，就是在協助身體器官健康發育，並且具備良好的功能。

大人無論再忙碌，每天也要至少撥出半小時，全心全意的陪伴孩子。所謂「全心全意的陪伴」是指這半小時當中，必須關掉手機，就算家中電話響起，也不要去接；與孩子說的每一個字，都要經過自己的意識才可以說出口，而哪怕是與孩子之間的靜默時刻，你也不可以分心，就這樣專注的至少陪伴孩子半個鐘頭。可以的話，這半小時最好都固定在每天的同一時刻，藉此建立孩子的規律性。如此去做，可以營造教育的氛圍，健全孩子內在器官的發展，讓孩子終身受益，而大人也同樣能夠從親子的親密交流和規律性當中獲益。

我們可以把健康的人體想像成是一個編制龐大而音律和諧的交響樂團，每一種樂器負責的旋律和聲部都必須在強有力的節奏指揮之下，方能唱出錯落有致又彼此和諧的天籟之音，萬一節奏統整不良就會亂了套，變成各唱各的調，形成種種生理失調。

不但如此，節奏這個人體內在的指揮家，可以調節孩子起伏不定的情緒。孩子的情緒很多，大人如果每天給予規律而流暢的生活節奏，孩子的情緒就容易穩定下來，並且衍生出「內在的滿足感」。千萬不要小看這個「內在的滿足感」，它可是孩子一輩子生命安定的資產。

父母總是希望能為孩子多留一些資產，但是在累積更多不動產、金銀珠寶、學歷這些有形的資產之外，其實還有更重要的無形資產，才是父母能給孩子不虞揮霍、不怕貶值的珍貴財寶，那就是「內在的滿足感」。

擁有足夠的內在滿足感，孩子就不會成為貪得無厭的人，而且能以穩定的心性，沉著面對無法逆料的種種人生變局。

● 執行生活節奏，就是全面強化孩子的體質

很多家長重視孩子的營養，灌輸孩子各種營養補充品，可是孩子的體質然仍虛弱，帶去看中醫調養體質，效果緩慢好像老牛拖車。為什麼仙丹妙藥都拖不動孩子的成長呢？原來，問題不在物質營養不足，而是孩子一直都太晚睡。

孩子晚睡，是因為大人很晚睡，所以沒有將晚睡當成一個必須重視的問題。晚睡的孩子失去生活應有的節奏，醒著的時間太久，長時間接受外在的感官刺激，消耗生命能量，當然沒有多餘的能量拿來充實肉體發育。

七歲前的孩子應該在晚上八點以前睡覺，小學的孩子也得在晚上九點以前上床，然而如今的台灣社會中，小孩跟著大人熬到深夜十一、二點才要睡覺，已經成為常態。我在台北看診，發現很多七歲前的孩子每天晚上十一點以後才睡覺，這種作息時間完全破壞了孩子的生命覺，也讓孩子小小年紀就與「內在的滿足感」絕緣。

缺乏內在滿足感的孩子容易過動、神經質、靜不下來，因此我們常看到老師在課堂上聲嘶力竭的高喊「安靜——坐好——不要吵——」，孩子卻依舊鬧翻天，因為他們的生命覺已經被破壞，完全沒有耐性也坐不住。

● 強壯孩子的體質，首要之務是建立正確的生活節奏

新生兒的生命覺尚未完全開始運作，必須依賴大人的哺餵方能夠活命。幼兒在十個月到一歲左右斷奶，直到這時候，孩子的生命覺才會完全獨立運作。太晚斷奶，就是在延遲孩子生命覺獨立的時間，而太早斷奶，則是強迫孩子提前獨立，提早發展生命覺。無論提前或是延遲，都可能或多或少造成生命覺失調。

生命覺當中有一項重要的感覺，就是「一致性」，也就是對自己身體的「認同感」。前面談到，新生兒一開始並不喜歡肉體帶給自己的束縛，直到幾個月後，他們熟悉自己的身體，傾聽身體的聲音，逐漸對它產生認同感。當新生兒對自己的身體產生認同感，就會慢慢喜歡自己的

身體。這就像對國家有認同感，才會愛國家；對學校有認同感，就會接納學校，喜歡上學去。

孩子對身體有了認同感，知道自己的靈性體能被肉體所保護，而自然萌生被身體所庇護的安全感，史戴納博士描述這是一種「從頭到腳的舒適感與安慰感，就好像是在家的感覺一樣」。這時候的安全感對幼小的孩子來說是非常重要的，因為孩子未來的人生方向就是奠基於此。

越來越多的孩子明顯缺乏適應環境的能力，這是生命覺受損的緣故。因為他們被庇護的安適感早在出生後不久，接受疫苗注射的那一刻就被損傷了。之後，生命覺又在大人的不當照顧下，頻頻受到干擾，而失去對身體狀況的正確判斷能力，終至無法建立起良好的生命覺。尤其是對七歲前的孩子做出損傷生命覺的干擾，那傷害就更大了。

生命覺裡的生命史感

　　孩子小時候經驗到大人細心且充滿愛意的照顧自己的身體，這樣的肉體經驗會逐漸發展成為「開展自己生命道路的能力」。

　　生命覺沒有發展出來的人，一旦生病就會開始怨天尤人，甚至不想活了。但是生命覺發展成熟的人，對自己充滿信心，雖然身在病痛當中，他仍然相信痛苦只是一時，如果自己好好休養，身體必定會好起來，未來還是充滿希望。對延續生命一貫性的堅持，就是生命覺賦予我們的重要覺知。

　　我的女兒是風相氣質的孩子，這樣的孩子心性善變，捉摸不定，尤其小時候更是如此。她今天央求說要學大提琴，明天改變心意說要學烹飪，後天又有新的花樣。可以想見，這麼任性而為、心意無時無刻在變化的人，如果心性不能安定下來，將來必定無法穩定發展生命道路，而落得一事無成。幸好，父母只要堅持讓孩子持續過有節奏的規律生活，並且留心照顧孩子的健康，等他成長到十八歲以後，自然會形成生命發展的持續性與一致性。

　　我就是如此深信不疑，也一直這麼做。眼看著這個從小天真善變的女孩，今年考上大學了。她已經很清楚知道自己喜歡唱歌，所以打定主意就讀音樂系，將來還要出國深造，成為舞台上的歌唱明星；等到過足

了唱歌的癮，圓了歌星夢以後，她就要到德國學習華德福教育的音樂治療，然後在華德福學校當音樂老師。也就是說，她已經找到自己人生的方向感。憑藉著正確的生命覺發展，她逐漸看到自己未來的道路，而且能夠堅定延續能力的一致性。

我這個女兒從小學一年級開始接受華德福教育，當年她在華德福小學有兩名要好的同學，Ａ女從華德福小學畢業以後，轉而就讀其他體系的學校；Ｂ男一直讀到華德福國中畢業，考上公立高中以後進入體制內學校就讀。三個同班好同學當中，只有我的女兒十二年一貫接受華讀福教育到高中畢業。

在我看來，他們三人都是資質相當的孩子，沒有太大的學習問題，雖然Ｂ男有些許過動傾向，不過頭腦十分聰明。Ａ女後來選擇的教育體系，除了特別強調道德教育以外，對學科的要求和體制內教育無異，簡單的說，就是「用教條嚴加管教」。她曾偷偷向女兒透露，學校對課業逼得很緊，讓她喘不過氣，羨慕我女兒繼續留在華德福學校「快樂學習」。

他們三個孩子今年同時參加大學考試，結果都考上國立大學，我的女兒和Ａ女還是同一所學校，這多少也證明了，在學科上嚴加督導，或是遵循體制內學習，在考場上並不一定佔盡優勢。

我的女兒考音樂系，報考的考生幾乎清一色是從小就讀音樂班的學生。她半路出家，只在課餘跟隨聲樂老師唱唱歌，但是因為華德福學校

像登山、職業實習等的各種活動很多，經常打斷她的聲樂練習，一停就是十天半個月，高中三年加起來，實際練唱時間不到半年。大學考試前半年，我趕緊找來他校音樂班的樂理老師教導她樂理，她就這樣去和其他音樂班的學生同場競爭。

這位樂理老師是中部某著名音樂班的專任老師，但是她感嘆自己音樂班的學生程度不佳。為什麼從高一研讀到高三，程度仍然無法提升呢？這當然不是資質問題，而是學生缺乏學習熱忱，所以老師自己一頭熱，卻感到使不上力。由此可見，學習的重點並非大人想給孩子什麼，而是孩子想要什麼。我女兒想要考上大學音樂系，強烈的學習動機迫使她像海綿一樣努力吸收，最後達到如願考取的程度。

看到我女兒的親身實例，和其他諸多同樣自華德福教育「出品」、而後順利與體制內教育或社會接軌的「華德福人」，應該可以消除部分父母對孩子在華德福學校「快樂學習」的疑慮。

大家或許只看到華德福的學生好像永遠在唱歌遊戲，不然就是做工藝、到戶外踏青、搞很多活動，以為這是在荒廢正課、延遲學習，卻忽視了萬物皆有他們的時節，孩子的成長也必須循序漸進。並不是按照大人的意志強灌孩子養料，就可以搶得學習的先機或一輩子遙遙領先。揠苗助長的結果，扼殺了學習的幼苗，早早斷送孩子的學習熱忱，將不幸應驗「小時了了，大未必佳」這句老話。

生命覺是人體內在平靜與和諧的先決條件

　　一個人的生命覺發展良好，內在才能夠和諧平靜，感覺到自己是完整合一的整體，而並非分裂的意志各行其是。

　　也只有在生命覺發展良好、內在和諧平靜以後，我們才會對外界產生興趣。然而，對外界感興趣是一回事，能否與外界互相溝通理解，又是另一回事。想要與外界互相溝通理解，必須具備平和的心境、足夠的耐受力與敬虔的態度。具備這三項條件，才能夠無障礙的理解別人的話語。

　　正因為如此，所以生命覺直接連結十二感官裡的高階感官思想覺。生命覺發展良好，就可以把別人的話發展形成一個明確完整的概念。例如，聽完一場精采的演講，生命覺發展不足的聽眾只聽到殘缺的片斷，但是生命覺良好的人，可以把內容組織起來成為有用的思考素材。

　　有的大人抱怨孩子的理解力差，很難教，但其實孩子並不是真的笨，而是生命覺比較弱，所以無法完整理解老師授課的內容。

生命覺有三個層次，分別如下。

生命覺的第一層次：平靜、耐受力

生命覺的第二層次：生命史感（發展未來道路的一致性）

生命覺的第三層次：無私無我的境界

也就是說，生命覺可以從最初只是幼兒覺知自身健康狀況的能力，終至發展到無私無我的崇高境界。而層次境界的提升是一條漫長的道路，需要大人正確的教育引導。

生命覺發展失調的表現

　　因為大人教養不當而生命覺發展失調的孩子，常常會在日常生活中呈現以下的行為表現。

● 對周遭環境失去興趣和熱情，變得很被動

　　有個三歲多的小朋友，剛來到幼兒園的前三個月，只會遠遠觀望其他小朋友在沙坑玩得很開心，他就是絕對不靠近。因為爸媽都告誡他說沙子很髒，不可以碰。他整整觀察了三個月，才敢用手指去撥一撥沙，又過了幾個星期，終於把腳踩進沙坑裡，但是仍然不敢和其他小朋友一樣，整個人坐在沙坑裡玩。一直到半年後，他總算融入環境，可以和其他園兒玩在一起。這孩子半年來的反應，顯示他對周遭環境失去應有的興趣和熱情，這是生命覺失調的孩子常有的表現。

● 對疾病、痛苦與死亡的反應異常

　　生命覺失調的孩子常會過度放大丁點的小病痛，或是正好相反，失去對病痛應有的知覺。而無論是過度放大還是無感，都是對病痛的感覺失衡。

　　我曾經對一名出生就罹患白血病的孩子進行兒童觀察，發現他的生

命覺損傷十分嚴重。我看到他在玩一圈輪胎，這一圈輪胎相對於瘦小的他來說實在很沉重，但是他被輪胎壓到腳，竟然一點也不覺得痛。

生命覺失調的孩子聽到故事裡有人死去，可能會整日處在恐懼當中，甚至說有人會來抓他，深怕自己遭遇不測，就連看到一隻死螞蟻，都會讓他驚恐無比。這是對死亡的異常感覺。

又比如說，被蚊蟲叮咬原本是稀鬆平常的事，可是生命覺失調的孩子被蚊蟲稍微叮了一個小小的紅點，就不停找老師幫他擦藥，整天擦了又擦；腳背只是輕微受傷，戶外活動就堅持不肯脫襪子，一定要穿鞋保護自己的腳；還有晨圈律動時，旁邊的同學不小心輕輕揮到他的額頭，他立刻要老師幫忙擦藥，而且不肯繼續參與晨圈活動。這些都是對疼痛的過度反應。

● 經常表現出恐懼、緊張、疲倦

有的孩子不小心做錯事，會表現出過度的惶恐不安，連連說「我不是故意的，我不是故意的」，十分害怕自己犯錯或是受到責備。有的孩子只要周圍發出較大聲響就會驚嚇大叫，甚至用力抱住旁邊的同學，把同學也嚇一大跳。

缺乏生命覺的孩子體力比較差，很容易疲倦，帶他們出去走走，一下子就喊累，需要大人抱。他們早上也很難叫起床，做晨圈律動時，常趴在桌上或賴在地上不想動。

● 反抗行為

平日就喜歡唱反調，像是全家圍坐餐桌準備要吃飯了，他卻故意把湯匙扔在地上；大家吃飽要收拾碗筷了，他又刻意把碗筷都重新排好；向他道「早安」，他偏偏回答你「不安」。

● 不能專注

別人做晨圈，他躺在地上不動；大家都在捏饅頭，他卻只顧講話，手都沒在動。不專注也是生命覺失調的表現。

● 上癮

生命覺失調的孩子容易上癮，例如看電視看個不停，或是堅持只玩某一件玩具，其他通通不要；已經上國小了，睡前仍然一定要喝奶，這些都是上癮的表現。

● 特別黏人

在教室進行自由遊戲或是手工課時，會看到有的孩子不辭辛勞的把自己的玩具或手工材料搬到老師身邊玩，老師一更換位置，他又立刻收拾家當跟著「搬家」，就是堅持要和老師長相左右。這樣的孩子總是黏著大人不放，大人走到哪，他一定跟到哪。

● 愛抱怨

去公園就抱怨好熱，怎麼沒有冷氣可以吹；走一點路又碎念說好遠，怎麼沒有車來載；中午吃便當忘記帶筷子，怪媽媽太粗心；媽媽早一點來接下課，他嘟著嘴氣媽媽來太早，害他不能玩久一點；媽媽晚一點來接，他又氣媽媽讓他等好久。總是無止盡的抱怨，樣樣都能惹他不開心。

● 入睡或起床困難

小小年紀就有睡眠障礙，晚上不容易入睡，早上起不來，或是午間休息時間很難入睡。

● 有消化系統問題

出現偏食、胃口不開、腸胃虛弱等消化系統功能不良的困擾；或是胃口特別大，像個無底洞；還是特別愛吃甜食，因為甜食能讓他們獲得滿足感。

● 有不願分享和不願放手的問題

不願與人分享，自己不要的玩具也不給別人玩，把玩具藏起來讓別人找不到；認為老師是他一個人的，其他小朋友去牽老師的手，他立刻宣示主權說：「老師是我的，你不可以牽。」；堅持不讓媽媽碰弟弟妹妹，因為「妳自己說他們是生來陪我的，所以妳不可以摸」。

妨礙生命覺開展的教養方式

● 生活缺乏節奏

孩子在學校有固定的上下課表與活動時間可以遵循，生活規律有節奏。可是一到周末假日，家長忙著帶孩子到處遊山玩水，作息規律放大假，所以孩子特別容易在假日發燒生病。

● 延遲分離

太晚斷奶、太晚送孩子到幼兒園就讀。

● 家庭變故、父母分離

例如，父母因為工作分住兩地，孩子只能偶爾見父親或母親一面。

● 溺愛孩子

孩子是父母的心頭肉，總是怕孩子累、怕孩子餓、怕孩子被蚊蟲叮咬，不讓孩子有丁點辛苦，這是在溺愛孩子。

不但如此，孩子已經吃很飽，卻還吵著要吃糖，大人也照樣給糖吃，

無法讓孩子的生命覺劃分出界線，知道什麼時候該停止，於是只要想吃就吃不停，只要自己喜歡沒什麼不可以，這都是在縱容孩子。

大人的教育功能之一，是為孩子的生命覺劃分出明確的界線，讓孩子知道什麼該做與不該做，否則，不理會胃腸已經吃不消，還任憑口欲大吃特吃，吃到胃痛想吐，這等於是教孩子「不必把自己的身體當一回事」。

所以說一昧滿足孩子的要求，溺愛孩子，會妨礙生命覺發展，也連帶影響以生命覺為基礎的思想覺發展困難。

● 親子衝突

親子難以正確溝通，會成為妨礙孩子生命覺發展的隱憂。比方說，火相氣質的孩子很調皮，行為也比較粗暴，遇到生性保守又重視規矩的土相大人，就會處處加以限制，規範火相的孩子這也不行那也不准，生怕孩子又惹事。

於是孩子在大人「不准」的教條綑綁下變得很壓抑，一到學校聽見其他孩子對自己說出「不准」、「不行」的字眼，就一下子被「引爆」，失控抓狂的行徑都出籠，「頑劣事蹟」從此再添一樁。

● 放縱孩子不管教

孩子八點就應該上床睡覺，卻放任他繼續玩到十二點，只因為「大家開心嘛，不想掃興」，這也是漠視生命覺的表現。

● 威脅孩子

威脅孩子「你再不乖，我叫警察來抓你」、「你再鬧，我就把你丟出去」，也會妨礙生命覺的發展。

● 對孩子暴力相向

大聲斥責孩子，對孩子言語暴力，甚至打孩子，都會妨礙生命覺正常發展。

● 忽略孩子

「媽，我想要……」孩子話都還沒說完，大人已經搶先一步堵住孩子的嘴說：「別吵我，沒空啦！」這是經常可見的親子對話實況。父母為了照顧小的，也容易忽略大的，當「哥哥」、「姊姊」討著要「抱抱」的時候，沒好氣的回說：「媽媽正在餵奶，你沒看到嗎？」

忽略孩子的需要，也會損害到孩子生命覺的發展。

● 制度化的教養

對幼兒的教養不能毫無彈性，全部都以制度化規範處理。特別是生性說一是一、不容動搖的土相大人（請參考《病是教養出來的・第一集・孩子的四種氣質》），更應該經常提醒自己教養孩子別流於刻板。遵守制度固然重要，但是制度之外還是要適度加入溫暖的人性才好。

● 外在世界的不一致

前面已經說明，對幼兒來說，電視、漫畫等等都在製造與事實不一致的經驗，扭曲孩子的感官印象。

我們幼兒園為孩子過生日的時候，都要壽星自己找個「生日小天使」陪同。有一次，老師問小壽星要找哪個好朋友當自己的「生日小天使」，這位小朋友從小聽 × 虎錄音帶長大，所以興高采烈的回答說「× 虎」。老師以為自己沒有說清楚，於是再一次強調：「生日小天使必須是小朋友喔！」誰知道壽星還是很堅持：「× 虎就是小朋友啊！」可見得孩子已經被虛擬人物混淆了。

此外，大人說一套做一套，對孩子而言也是一種外在世界的不一致，會導致孩子不肯受教。

大人喜歡對孩子說很多漂亮的道理，告訴他們該這樣做那樣做，可是自己無法以身作則。大人的言行不一，孩子全都看在眼裡。比方說，我們的幼兒園教育孩子要有敬虔的態度，拿取物品時用雙手小心取用，可是他們卻看到家中大人在路上粗暴的用腳踢垃圾，說起話來粗聲粗

氣。孩子用自己的雙眼見到的，竟是表裡不一的謊言。所以大人敬虔的態度必須由衷，不能假裝。

暫且不談崇高的大道理，就從生活作息上的小事說起吧！大人不是經常對孩子耳提面命說「早睡早起身體好」嗎？可是他們自己卻喜歡熬夜看電視、上網，摸到半夜還不睡，孩子又如何信服他們的話呢？

孩子在早年生活中經驗到生活沒有真實的一致性，以後就會用各種方式在無意識之間表露出心裡的困惑，這樣的孩子大約在小學時候容易出現愛爭辯的特質，他們之所以好爭辯，是因為心裡有困惑，所以必須和人爭辯直到可以理解和接受為止。進入青少年期以後，他們轉而開始挑戰大人的不真實與不一致，以下就是一例。

有個媽媽帶國中的女兒來看青春痘。我叮嚀滿臉痘花的少女說：「皮膚要漂亮，晚上一定要早睡。」媽媽立刻在一旁幫腔：「看吧，看吧，我不是說了嘛，叫妳一定要早睡，妳就是不聽，現在醫生也這樣說。」

媽媽話還沒講完，女兒搶拍回嘴：「妳自己還不是一樣，每天都那麼晚睡。」媽媽先是愣了一下，隨即轉攻為守，擺好防衛陣勢：「我是大人哪，我又沒有長青春痘。」孩子仍然不死心，再次反駁：「妳只會叫人要早睡，自己都看電視看到三更半夜。」

孩子顯然是在挑戰母親的言行不一致，媽媽雖然看似佔上風，可是

女兒一點也不服氣。這位媽媽其實是我的病人，熟知內情的我嘴上雖然沒說，心裡卻很清楚，她一直有頭痛的老毛病，我每次叮嚀她說，她的頭痛其實是因為身體累壞了，必須早睡才能夠改善病情。可是她總有一大籮筐不是理由的理由，結論就是「自己已經習慣晚睡，要改變習慣很困難」。這位媽媽十分清楚早睡的重要，可是自己不去做，卻要孩子實踐，難怪孩子對她「一言九頂」。

● 不當壓力

很多家長一聽到孩子有壓力，都嗤之以鼻的說「吃飽了睡，睡飽了吃，孩子能有什麼壓力」。他們不知道，自己正是孩子最大的壓力來源。

可不是嗎？大人如果不給壓力，小孩哪來的壓力呢？家長給孩子最大的壓力，往往是他們過度擔憂，結果讓孩子失去自由。根據統計，家長平均每八秒鐘就會對孩子說一次「不行」，對孩子綁手綁腳，無法充分探索生命經驗。

我常看見一些來到幼兒園的孩子，什麼都不敢摸，也不敢玩遊戲，因為他們的爸媽平常就不斷告誡他們這很髒、那很髒，玩沙以後一定要洗腳，酸雨很可怕，所以不能滴到雨……孩子對自己的生活環境充滿了恐懼，過度的恐懼形成壓力來源。

● 要孩子做出選擇和決定

很多大人要孩子自己選擇吃哪一家餐廳、讀哪一所學校，最後還會對孩子說：「這是你自己選的喔！」要孩子為自己「負起責任」。孩子沒有正確的價值判斷能力， 一切都以好玩好吃為出發點，大人要小孩做選擇，要又他們為自己的選擇負起責任，實在很不合乎常理。

特別是幼兒園，最常可見家長帶小孩來選學校的光景。親子逛了好幾所學校，最後家長問孩子：「你喜歡哪一間？」孩子做出選擇以後，家長立刻伺機來個其實一點都不「君子」的「君子約定」說：「那好，這是你自己選的，到時候不能耍賴不上學，上學也不准哭，知道嗎？」這明顯是把大人的責任丟給什麼都不懂的孩子去承擔。

評估學校的優缺點，做出明智的決定，然後觀察孩子在學校的表現與互動關係，這是家長應負的責任，如今把這一切推給什麼都不知道的孩子，無疑是大人的狡猾。而這也衍生出下一個問題，那就是「過早給予或給予過多責任，妨礙生命覺發展」。

● 過早給予或給予過多責任

幼兒園的孩子早上歡歡喜喜到了校門口，看到其他小朋友才忽然想起什麼，愁眉苦臉對爸媽說：「我忘記帶泳衣了！」這時候就看到爸媽拉下臉，義正辭嚴的教訓孩子說：「是你自己忘記的，你自己負責，所

以今天不能玩水了。」孩子立刻委屈地放聲大哭，美好的一天就在淚眼汪汪當中揭開序幕。

大人都不能保證自己上班一定不會忘記帶重要文件，何況是不滿六歲的小朋友，難免忘記老師的交代。小朋友忘記帶泳衣不過是一件小事，大人如果時間允許，幫孩子送來也好，向學校商借也行，何必急於藉此「機會教育」，執意要讓幼兒嘗到「為自己行為負責」的苦果。

● 過早的智性學習

「過早的智性學習」是指對七歲以前的孩子進行智力開發，像是學習算數、科學、背誦英文單字和句子等。孩子想要進行這類智性的學習，得先安靜坐下來才行。但是七歲前的孩子生命力集中在身體腹部的新陳代謝系統，要他們像上了年紀的中老年人一樣安靜坐下來思考，將會帶來後患。

不同於孩子的生命力集中在身體腹部的新陳代謝系統，中老年人的生命力主要集中在頭部的神經系統。人體的頭部神經系統是精密的對稱性結構，而腹部器官卻非常不對稱。比如說，胃只有一個，還偏向右側，肝臟也偏右邊，大小腸還繞來繞去，粗細長短不一。這也就是說，人體上端的頭部和下端的腹部結構特性大不相同。0～7 歲孩子的生命力集中在身體下端的腹部新陳代謝系統，所以他們的活動模式呈現「不規則而活潑好動」的特性；相反的，生命力集中在頭部神經系統的中老年人

則偏好靜態的思考活動。我們如果把孩子七歲前腹部新陳代謝系統的生命力提升到頭部神經系統，做為智性學習之用，就會耗弱新陳代謝系統的生命力，孩子開始變得胃口不好，容易疲倦，四肢瘦小，沒有多餘的氣力可以活動。因此過早的智性學習不僅妨礙生命覺發展，也是在傷害動覺與平衡覺的正常開展。

過早的腦力開發不宜，那麼學學跳舞、唱歌、畫畫、下棋這些才藝，總該不會有問題吧？事實上並非如此。過多的課程性活動，同樣會妨礙生命覺發展。

非智性開發的體育養成訓練，例如體操或舞蹈鍛鍊、直排輪等的課程性活動，對七歲前的孩子不宜，主要是因為這些鍛鍊有很多的動作規範和限制，充滿「標準動作」要求的訓練會妨礙孩子生命覺的自由開展。

如果真的想要讓這麼小的孩子學習外語，應該採用唱歌的學習方式，而不是重複的背誦記憶。

● 過度苛求

就在我們生活周遭，經常可見對生命覺失去正確判斷能力的狀況。

朋友A君的媽媽從小對孩子管教甚嚴，而且採取的是「霹靂手段」。當年讀國小的她，某次因為很睏，作業來不及寫完就在床上睡著了，被媽媽發現以後，硬生生將她從被窩裡拖出來打，懲罰她沒有完成寫作業

的學生本份還敢睡覺。

餓了要吃飯，渴了要喝水，累了要睡覺，這是生命最基本的需求，但是媽媽強調責任最優先，把生命的需求放在其次，所以對她大發雷霆。媽媽激烈的管教行為嚇壞孩子，破壞了孩子的生命覺，讓Ａ君從此對身體的需求失去正確判斷力。

有一次，我和Ａ君一同去遠地開會。一路上，我見她已經疲累不已，卻還是強打起精神，不讓自己好好休息。她抱怨自己頭好痛，但仍然手不釋卷；坐在火車上，她捂著胃說難過，卻還是打開電腦繼續工作。我簡直不敢相信自己的眼睛，吃驚問說，身體不舒服，至少應該閉目休息才對呀！她卻回答我：「可是我工作還沒有做完。」數度看她明明已經雙腿疲脹，卻還是穿著高跟鞋勉強走路。因為從小就被教育「責任最重要，工作擺第一」，她應該被保護的生命覺已經損傷，而生命覺損傷讓她對身體的健康狀況失去正確判斷力，這一事實在這趟同行的旅程中完全曝露無遺。

簡單的說，扭曲認知會導致生命覺失去正確判斷力，身體明明很累，卻認為「我沒事」；病人來看醫生，顯然是健康出狀況，但是有的病人訴說了一大堆病情以後，結論卻是：「我覺得自己其實還好嘛！」這都是認知的扭曲。

● 過度保護

現在的家長對孩子普遍過度保護，樣樣為孩子代勞，噓寒問暖，無微不至，形成孩子的錯覺，以為「只要是我想要的，就應該自動出現在我面前」。但是父母不可能為孩子的人生承擔一切，孩子稍大以後，還是必須自己面對功課和成長的壓力，而受到過度保護的孩子無法繼續享受予取予求的特權，就會心生不滿，認為這個世界虧待他、對他不好，開始仇視外界。

所以教養孩子必須給予適度的辛勞，這對於培養正確的生命覺非常重要。

過動、神經質的孩子體內究竟發生了什麼事？

孩子可能難免出現以上一兩個情況，而萬一好幾個同時出現，就成為一般所謂過動、神經質或靜不下來的孩子。這些孩子的體內，究竟發生了什麼事呢？

前面談到，生命覺提供我們多種滿足生命需求所必要的感覺，包括：寧靜的存在感、安適感、庇護感、信賴感、安全感、滿足感、穩定感、生命史的感覺。

人的心魂能力與肉體是彼此交互作用的。一個生命覺健康的人，具有強大的耐受力，即使肉體病痛也不能擊垮他，甚至會讓他越挫越勇。但是生命覺損傷的孩子，也就是過動、神經質、靜不下來的孩子，就不是這樣了。

● 不能面對內在的感覺，所以不讓自己靜下來

有打坐習慣的人必定很清楚，當一個人靜下來的時候，對身體的覺知能力會自然提升，對身心些微的變化都能夠自我覺察。而生命覺損傷的孩子無法承受體內所感受到的壓力、疼痛等不快感，所以下意識的讓

自己保持在很 high 的亢奮狀態，用躁動來逃避面對這些內在不舒適的感覺。

由於生命覺損傷的孩子內在的存在基礎十分脆弱，任何情緒都可能讓這個脆弱的基礎崩潰。而一旦安靜下來，他就必須面對身體的不適感，因此他片刻也不讓自己安靜。

萬一他稍微安靜下來，導致內在的不適感被喚醒，他便會再度坐立不安，用不停跑跳、講話、摩擦生殖器、咬指甲、打探別人的八卦、做鬼臉等等讓自己分心，以免又意識到內在的不適感。

但是這些打擾到其他人的行為在課堂上會被老師制止，所以他們被迫發展出一套盡量不干擾到別人，又能讓自己可以不靜下來的方法，也就是轉而發出神經質的聲音或動作，像是不停清喉嚨或咳嗽、眨眼睛、抽動式的點頭、屏住呼吸。

不少家長問我，孩子的小動作怎會那麼多，這其實是生命覺失調進入到輕微過動的表現。這樣的孩子必須想盡辦法做一點什麼動作，好讓自己不需要聚焦於內在的不舒適感。

別看他們外表邋遢、笨拙，亂衝撞受了傷自己也不知道，甚至還有攻擊別人的衝動，其實這些孩子內在很聰明。不過孩子再聰明，也不會知道自己的過度興奮是因為內在的不舒適所引起。

● 「不去照顧自己的身體」是生命覺失調最典型的表現

生命覺失調的孩子有時膝蓋破了、手被割傷流著血也不以為意,甚至根本不知不覺。「不去照顧自己的身體」是他們最典型的表現,不過,這種忽略自己身體的異常表現其實是學習而來的,原因是大人經常忽略他們的需求,所以他們也學會忽略自己的疼痛。

我看過一名國中女學生,媽媽很早就過世,爸爸因為工作太忙,沒辦法好好帶她,所以這位女學生幾乎是巷口 7-11 養大的。感謝有 7-11,讓她三餐至少有個用餐的去處,但是她的生活也只能求個吃飽穿暖,談不上營養照顧與心理需求的滿足,所以她的生命覺嚴重失調,小時候忽略自己的疼痛,成長到青春期,卻反過來渴望藉由疼痛去感受自己的存在,所以把割腕當遊戲,手腕上佈滿自殘的傷口。她後來交了一個男朋友,男友的爸爸長期在大陸工作,親子關係不睦,他也有割腕的「習慣」,於是這一對「同命鴛鴦」就常常一同割腕為樂,讓旁人看得怵目驚心。

外界的印象或許認為,會把小孩送入華德福體制的家長都特別關心孩子的教育,其實也未必盡然。孩子的問題最初幾乎都來自家庭問題,萬一家人看不到孩子的問題,那麼問題就會被帶到學校。當學校提醒家長,而家長也願意誠心接受、配合改變,才能夠真正達到教育的目的。

● 過動兒父母必須做的三件事

孩子剛出生的前幾個月，常常是埋下生命覺失調伏筆的關鍵期。這時候無論是出於什麼理由，讓大人疏於全心全意照顧新生兒，都會損傷孩子的生命覺。此外，無法在生活中建立有節奏的規律生活，或是過早的智力學習，這三大因素在在都教養出神經質、靜不下來的孩子。

孩子剛出生的前幾個月，生命需求如果沒能獲得滿足，就無法正常發展出生命覺，行為停留在新生兒狀態——肌肉抽動痙攣、要人抱、口欲很強等。觀察生命覺損傷的孩子，他們會有抽動不停的行為舉止、很黏人、吃不停、對人有發作性的攻擊行為，而且講話故意顛三倒四，「早安」偏要說「安早」，滿口都是屁屁、大便這些字眼，這一切表現都是為了盡可能的避免自我覺知，所以才會出現一般人看起來很怪異的補償行為。萬一府上的孩子已經出現類似行為，那麼從現在起，請家長必須做到以下三件事。

> 1. 全心全意的愛孩子
> 2. 建立良好的生活節奏
> 3. 不要讓孩子學習太多課程

華德福小學曾有過一名男學生，上課每五分鐘就要起來和全班同學一一熱情招呼，非得要全場巡視一遍以後，才會心滿意足的回到座位。

但是五分鐘後，他又會再度起身，重複一樣的行為。

這孩子的爸爸是公司負責人，媽媽是老師，本身專精教育學，卻不知道自己的孩子有生命覺失調問題。由於孩子小的時候雙親就忙於事業，所以小男孩成為鑰匙兒童，回到家總是一個人，晚餐必須等到忙碌的父母親回來以後才解決，因此每天吃得很晚，也很晚才睡。他身材十分瘦小，來我的診所看病時，得知他經常外食，爸爸又喜歡帶他吃重口味的油膩食物，所以經常消化不良。我雖然一再叮嚀他們如何改善飲食作息，可是大人無法認真改變既有的習慣，所以孩子現在都已經上高中了，依舊長不高。

男孩的媽媽知道兒子有過動傾向，即使在學校造成老師極大的困擾，引起同學的反彈和排擠，她仍然堅持把孩子放在華德福學校長大。經過這麼多年以後，這孩子也發展出自己的專注力，智力完全不受影響，順利考上理想的學校。

這孩子從幼年就過著缺乏規律節奏的生活，明顯有生命覺損傷的現象，所以在小學階段就表現出過動傾向。但因為媽媽能堅持讓孩子在華德福學校就讀，這裡沒有過度的智性課程學習，而且學校有節奏性的課程進行正可以調節孩子的生命覺，藝術性的教學方法也滋養孩子的情感，這些都讓孩子早年的生命覺損傷得以改善，而終能正常學習。

健全生命覺的七大教養條件

想要教養出生命覺健全的孩子，父母應該努力做到以下七大條件。

1. 過著有節奏的生活。

2. 玩天然材質的玩具，讓孩子的感覺具有一致性。

3. 吃天然有機的食物，讓孩子對植物的生長自然萌生崇敬的心。

4. 不可溺愛孩子。

5. 適度安撫可以修復孩子的生命覺。

6. 讓孩子適度經驗病痛與勞苦。

7. 讓孩子適度經驗生命中的苦。

其中第 1、2、3、4 項條件之前已經有過討論，在此不多贅述。

● 適度安撫可修復孩子的生命覺

孩子不舒服的時候容易哭鬧，大人常會受不了這樣的哭鬧而煩躁，失去平靜，無法用全心全意的愛去安撫孩子，而流於草率敷衍的態度，這樣無法真正修復孩子的生命覺。

生活周遭經常上演如此的情節：已經極度不安或身體不舒服的幼兒在哭鬧，大人卻吝於安撫，還忙著對他們曉以大義，但是對幼兒講道理一點都不管用，孩子越鬧越兇，大人的耐心也耗盡，結果是兩敗俱傷。

我曾經在日本機場候機時，親眼目睹這樣的場面。

那一天機場人山人海，旅客多到航空公司無法消化，連我的機票都被自動升等。在人聲鼎沸中，一位台灣媽媽懷裡抱著一名襁褓中的小嬰兒，身邊還有一名約莫四歲的小男孩在哭鬧。媽媽不停對小男孩講道理，從「我們很快就可以回家」、「這樣哭鬧不是聽話的孩子」，到「大家都在看你」、「這樣會吵到別人」、「當哥哥要有哥哥的樣子」都出籠了。但是這些都說不動小男孩，他的「唯一訴求」就是「要媽媽抱」。最後媽媽也失去耐心，本來平靜和緩的聲音開始出現情緒，聲調越來越尖拔，最後罵小男孩「你怎麼這麼壞」，接著阿公、阿嬤也加入「戰局」，你一言我一句的教訓小男孩：「沒看到媽媽在抱弟弟嗎？還要一直吵，真是壞！」眼看三個大人合力對一個四歲小孩說教，足足鬧了半小時之久，孩子越哭越大聲，就是沒有人給他一個充滿愛的溫暖擁抱，讓他感到自己是安全的。

所以說，大人的生命覺必須先健全，才有足夠的耐性用愛去照顧孩子。如果大人本身的生命覺也失調，又怎能夠按耐住煩躁情緒去安撫孩子呢？

● 讓孩子適度經驗病痛與勞苦

父母最怕孩子生病，為了避免任何閃失，最保險的方法就是不讓孩子經驗病痛。現在的父母別說是不讓孩子受病痛折磨，就連看到孩子疲累都捨不得，所以孩子出門有車接送，走路腿痠了有大人抱抱，從小被灌輸「只要會讀書就好，什麼都不用做」的觀念，完全是在避免疲累的環境下長大。

然而，大人捨不得孩子疲累，孩子的本能會自己去尋找疲累，因為他們的身體知道，自己需要經歷疲累，晚上才睡得好。最基本的生命覺不外乎餓了要吃、渴了要喝、累了要休息，經歷疲累以後好好休息睡一覺，又能重新恢復生命力，這個過程可以讓他們在無意識當中學習到「生命在疲累以後經歷休息，又可以恢復元氣」，進而學會何時應該休息。

假設孩子有十層樓要爬，但是爬到四樓的時候已經上氣不接下氣。這時候，生命覺健全的孩子知道，雖然爬上十樓有點辛苦，但是我只要一步步堅持下去，終究可以達成任務。生命覺失調的孩子卻不願疲累，認為這是不可能的任務，自己一定會半途累死，於是很快就萌生退意。

適度的疲累吃苦可以鍛鍊生命覺，養成堅忍耐勞的美德，父母捨不得孩子疲累，就會養出怨天尤人、凡事半途而廢的孩子。

● 理解到病痛是來自生命覺的警告

身體感到疼痛不舒服，其實是生命覺在示警，提醒我們必須有意識的約束自己。比方說胃痛了，就是提醒我們不能再放任自己暴飲暴食；頭在痛了，就是警告我們必須停止熬夜，約束自己早點睡覺。

生命覺失調，不能有意識的約束自己，任隨想做什麼就做什麼，不知道何時該停止，也不知何謂「適度」，這樣的人就會經常生病。

如果處心積慮的迴避生病，那麼病痛會以更邪惡的方式出現。例如，吃退燒藥來迴避發燒的痛苦、吃類固醇或塗抹類固醇來迴避過敏的痛苦，這些都是迴避病痛最快的手段，卻可能在日後引發病痛的強烈反撲。

我們幼兒園有一名氣喘的孩子，他從小一發病就服用類固醇，幾年以後，類固醇已經降低他對痛覺的正常反應，即使在戶外遊戲的時候被植物刺傷了腳，他也一點都不覺得痛，顯見生命覺已經損傷。

臨床上也發生過從小罹患異位性皮膚炎的孩子，長年依賴類固醇藥膏減輕症狀，到後來連超強效類固醇都無法止住症狀，病人最後不堪折磨跳樓自殺。

想要用取巧偷懶的方法逃避病痛帶給我們的警告，而不去約束自己做該做的事，像是改善不良的作息或飲食習慣、適度休息、適度運動、減少壓力，那麼病痛將會以更激烈的方式捲土重來，目的是要教會我們該做的生命功課。

● 讓孩子適度經驗生命中的苦

生命中不是天天陽光普照，即使是孩子也難免心情高低起伏。門診時，會看到一些正值青春叛逆期的孩子，和大人在診間「一言九頂」，氣不過的媽媽開始數落：「也不想想我對你有多好，幫你這樣那樣，你只會出一張嘴嫌東嫌西，都不知道我有多辛苦。」

我忍不住插花，提醒媽媽說：「妳都不讓孩子辛苦，他怎麼會知道辛苦是什麼感覺，當然無法同理妳的辛苦了。」

孩子吃西瓜要先為他去籽，吃葡萄要先為他剝皮，吃蘋果也是一片片削好送到孩子嘴邊，任何大小事都為孩子做盡，讓孩子習慣不勞而獲，不知「付出」是何物，怎會對人產生同理心，更別奢談養成悲天憫人的胸懷了。

孩子的下意識其實知道自己必須經驗一些辛苦，所以常會不小心受傷，無論在肉體或心理上都會因此經歷到痛苦的感受。這本是生命所必須，可是大人過度擔心，不願孩子有絲毫損傷，終究只會適得其反。

生命覺所要教會我們的

本章的最後，我想要用一個小小的親身感觸，來概括說明生命覺。

有一天我人在雲林，聽到窗外傳來一個小男孩淒厲的尖叫聲，足足有五分鐘之久。小男孩什麼話都沒說，只是不停的尖叫，孩子尖叫代表的意義通常是「反抗」。約莫五分鐘後，小男孩開始用虛弱無力的聲音，像錄音機不斷倒帶的重複：「媽媽，對不起！媽媽，對不起！」他這樣反覆說了三分鐘左右，可見他反抗無效，所以「妥協」了。然後，小男孩開始低聲啜泣了五分鐘，顯示他感到悲傷、被遺棄（不被愛）、無能為力。接下來，他開始吵：「媽媽，我要出去，我要出去。」直到這時候，我才意識到小男孩應該是被關在某個地方，也一直到這時候，小男孩終於說出自己的訴求，這表示他內在有了覺醒，明白自己要什麼。

這正是生命覺所要教會我們的：面對自己不想要的狀況，最初採取反抗衝撞，但是反抗無效只好妥協；妥協帶來無能為力的退縮，感受到「叫天不應，叫地不靈」的痛苦；經歷了這樣的痛苦以後，內在才有了覺醒，終於明確知道自己要什麼，並且用言語表達出來，而不再只是哭鬧尖叫。

史戴納博士說，「痛苦」是所有生命覺當中最強烈的感覺。所以愛一個人，有時候必須用「痛苦」讓他覺醒。當我們無論怎麼愛一個人，

都無法讓他感受到，因為他的不安全感像個無底洞一樣填不滿，那麼，我們只好抽身，讓他從失落的痛苦中覺醒，體悟到：「原來別人對我這麼好，我竟然都不知道。」

痛苦有它的作用，有時候是生命中的必要之惡，適度經歷痛苦，無論是肉體的病痛與辛勞、精神的折磨、生命的苦難，都可以喚醒內在保持醒覺。

孩子的語言發展尚未成熟，無法適切表達自己的需求，所以只會用反抗的形式傳達訴求；也就是說，他只會講「我不要你那樣」，但是無法完整說出「因為我想要這樣」。因此，當孩子反抗的時候，大人要省思自己做了什麼讓孩子如此叛逆，而不要只是對孩子發脾氣。

Chapter 3
觸覺

‧ 觸覺

物質體的感覺：「我擁有我的身體」

心魂的感覺：安全感（反之，容易感到恐懼害怕）

靈性能力：無私無我的能力

認識觸覺

　　觸覺，是人出生後的最初七年感受最強烈的感官，也是人體最精細的感官。觸覺為個體建立人我界限，同時是高階感官人我覺（自我覺察的感官）的基礎。

觸覺為個體建立人我界限

　　觸覺要教給我們的第一件事，就是「界限」。要產生觸覺，首先必須有表面，而有表面就會有界限。這話聽起來似乎有點玄虛，且聽我慢慢道來。

　　上一章曾經談到，孩子尚未降世的時候，他在靈性世界是沒有物質身體的，而靈性體之間可以互相穿透，不分你我，但是進入人世間的孩子有了物質身體，物質身體之間就無法自由的互相穿透，這也就是說，有了物質身體以後形成了表面界限，在世界上與其他人是分離的，從此我是我，你是你。現在，各位明白了嗎？觸覺要教給我們的第一件事，就是「界限」。

　　孩子從靈性世界進入有限制的物質身體之初，他會感受到與其他靈性體分離的孤獨感，這正是他來到人世間的第一個感覺。這時候該如何舒緩他分離的痛苦與孤獨感呢？大人溫柔的擁抱與安撫，正可以

協助孩子從分離的孤獨感進入安全感，藉由大人的保護來緩和孩子分離的孤獨感。

每當孩子要大人抱抱的時候，其實是想要我們幫他做兩件事——一是「請你幫我經驗界限」，二是「請給我安全的感覺」。

藉由身體的碰觸，孩子會明白你我有別，所以每一次抱孩子，就是協助孩子經驗界限。經驗界限有多麼重要呢？當一個人建立起人我之間的界限，日後才不會被霸凌或是霸凌別人。誰都不願自己家的孩子被欺負，既然如此，那就趁孩子小的時候多抱抱他們，幫助他們建立界限，將來萬一有人欺負他們，孩子會懂得挺身阻止說：「你不可以這樣對我」。

用愛的擁抱、溫柔的觸覺建立起良好的人我界限，不僅可以防止孩子遭到霸凌，還能夠預防女孩子日後與人隨便發生性關係。因為從小經驗大人帶著愛的身體接觸，將來長大就不會讓並非真正愛自己的人碰觸身體。

● 良好的觸覺經驗帶給孩子安全感

每一個孩子生來都有能力去經驗恐懼，恐懼背後的感受就是不被保護、不被支持和被遺棄的感覺。大人適度的接觸對待，安撫孩子的情緒，能夠讓孩子消除恐懼，獲得安全感。孩子會感到害怕某個層面是好的，一個人如果天不怕地不怕，就會變成莽撞的人，然而畏首畏尾，總是膽

小害怕，那就無法成事。所以適度而正確的觸覺刺激，就格外重要。

大人抱孩子必須是溫柔而堅定，並且帶著愛意的擁抱，不能用不耐煩的態度應付了事。常見到父母正忙著照顧幼小的孩子，對較大的孩子來討抱抱，不耐的說：「唉呀，沒空啦！沒看到我正在餵ㄋㄟㄋㄟ嗎？好啦，抱一下……可以了沒？夠了吧！去去去，自己去玩！」

孩子儘管已經當了哥哥姊姊，可是年紀畢竟還很小，仍然需要大量的擁抱，如果無法滿足觸覺的需要，他們會開始出現尖叫、咬指甲、摩擦生殖器等焦慮的行為。

一位年輕媽媽來我的診所治療乾癬。治療一段時間以後，眼看病情大有進步，我還在為她高興，以為治療就快大功告成，接下來卻連著好幾個月完全看不到病情改善。我很納悶病人究竟發生了什麼事，問她是不是晚上沒有睡好？年輕媽媽說，她已經有三個月沒辦法好好睡覺了，時間大約就在她生完第二胎不久。她原本已經有個三歲大的兒子，五個月前又喜獲麟兒，全家本來還沉浸在小生命到來的喜悅中，不料大兒子卻開始表現異常，每到半夜就尖叫哭鬧，讓她也不能睡。

我和她一起分析大兒子表現異常的原因，發現小弟弟出生以後，媽媽無法繼續像以前一樣陪伴大兒子，於是就把他送到幼兒園上學。放學以後，小哥哥想要媽媽抱，可是媽媽經常忽略他的需求說：「現在沒空啦，我正在餵弟弟喝ㄋㄟㄋㄟ，你沒看到嗎？等一下再抱！」然而，媽媽餵完弟弟以後，也不曾主動上前擁抱大兒子。

其實弟弟剛出生的時候，小哥哥很興奮，跟前跟後的幫大人拿奶瓶尿布，開心扮演當哥哥的角色。可是經過兩個多月以後，他開始對媽媽說：「我討厭弟弟，我討厭弟弟。」媽媽以為是小孩子鬧情緒，並不以為意，可是後來發現小哥哥會趁機偷捏弟弟，大人當然立刻上前責備他，小哥哥從此把弟弟視為眼中釘。

事實已經擺在眼前，小哥哥因為弟弟的出生，不但無法獨享媽媽的愛，而且媽媽也不再熱情擁抱他，讓他產生孤獨感和不安全感。他感覺媽媽遺棄他，不再愛他了，於是把所有的帳都算在弟弟頭上。

我請這位年輕媽媽從今天開始主動擁抱大兒子，而不是等到孩子要求才去抱他。只要雙手空出來的時後，就應該對大兒子說：「來，媽媽抱抱！媽媽喜歡你，媽媽愛你。」我也教她說，抱孩子要全心全意、有品質的擁抱，直到孩子說他不要抱了，要去玩了才可以停止。

年輕媽媽照著我的話去做，兩個星期後回來複診時，她心滿意足的說，自己這兩個星期睡得很香甜，因為乖巧可愛的大兒子又回來了。她才對大兒子進行「愛的抱抱」當晚，大兒子就從此沒有在半夜哭叫，夜夜安穩入眠到天亮。良好觸覺刺激給予孩子內在安全感的效用之大，由此再次得到印證。

● 觸覺是人我覺的基礎

大人對孩子的觸覺刺激，必須是全心全意帶著愛，而且是小心翼翼

的，讓孩子能夠從中感受到自己是值得被珍愛與尊重的寶貝。受到如此珍重對待的孩子，將來可以從良好的觸覺發展出健全的人我覺（自我覺察力的感官），知道自己很重要，而且別人也和自己一樣重要。因為皮膚與神經分佈全身，所以這樣的知覺遍佈於全身，這等於是說，他全身的每一吋肌膚與每一根神經都知道別人和自己是同等的重要，如此一來，就不會有「死道友，不死貧道」、「別人家的孩子死不完」的自私自利，也就不會發動戰爭奪人性命，團體裡面也不再有霸凌。由此推知，想要建立和平的大同世界，就必須從發展觸覺做起。大人經由觸覺與孩子建立愛的對待關係，孩子將來長大才懂得如何與別人建立愛的善意對待關係，維繫良好的家庭與職場人際關係。

● 勇氣與良心是人我覺的兩大能力

人我覺有兩大能力，一是勇氣，一是良心，前者用以面對未來，後者用以回顧過去。人我覺健全的人具有良心，對於自己過去的不良行為能勇於認錯，同時也具備足夠的勇氣繼續前進未來。這就是為什麼華德福教育不斷強調發展孩子自我覺察能力的重要，並且要在孩子二十一歲身心完全成熟以前，確保他們的自我覺察能力得以建立。

觸覺未能健全發展的人，人我覺也會發生障礙，缺乏勇氣面對過去的錯誤，也沒有勇氣迎向不確定的未來。

觸覺發展不良的孩子，人我覺的發展也會扭曲，自我防衛性特別

強，對人懷有敵意，總是疑心別人會陷害自己、對自己不公平。

觸覺是我們用來認識世界最精細的感官，也是建立人我分界的由來，幼年如果沒有發展出「界限」，長大就無法形成思考的概念；也因為難以發展出高階的思考概念，對他人的話就缺乏理解，常常不能正確掌握別人的語意。

有一位媽媽帶孩子到華德福幼兒園適讀，孩子在幼兒園玩了一天，放學後回家對媽媽說自己肚子好餓。媽媽立刻氣沖沖的質問老師，為什麼沒讓孩子吃飽，害得小寶貝餓肚子。

老師解釋，孩子到學校才第一天，還不了解他的食量多寡，因為孩子並未表示沒吃飽，所以分量就比照其他小朋友。如果孩子胃口好，那麼明天會酌量再多給孩子，不讓他餓肚子。

可是這位媽媽聽不進去，嚷嚷說：「你們學校老師怎麼這樣帶孩子！我說的不是這個。」

老師發現無法和這位媽媽溝通，於是換一種方式說：「或者，請媽媽告訴我，孩子平常大概吃多少份量會比較恰當。」

這位媽媽卻像壞掉的錄音機，一再重複同樣的話說：「你們學校老師怎麼這樣帶孩子！我說的不是這個。」

　　折騰了半天，老師還是不明白這位媽媽口中說的「不是這個」，那麼究竟「是哪個」，不過可以知道這位媽媽內心不安，她在潛意識中擔心別人不能善待自己的孩子。結果家長和校方因為實在無法溝通，所以媽媽並沒有讓孩子就讀這所幼兒園。就因為媽媽的情緒淹沒了自己的意識與思考能力，導致無法好好進行人我之間的善意溝通，實在很可惜。

　　人都是不完美的，但是我們願意成為越來越好的大人，也願意和家長一同努力，所以華德福學校總是安排豐富的課程，和家長一同上課學習，讓大家一起進步，就是希望可以建立更通暢的溝通平台，在教育上共同成長。

●觸覺是協助我們了解真相的感官

　　當我們在和別人溝通的時候，基於良好觸覺刺激發展出來的人我覺，可以跨越語言溝通的障礙，正確掌握對方的言下之意，洞悉對方內心的用意。即使對方的語言表達並不精確，或是另有隱瞞還是企圖，仍舊會被犀利的人我覺所洞察。這就是為什麼說，觸覺是讓我們了解真相的感官能力。建立在良好觸覺基礎下的人我覺可以在廣聽各方說法以後，整理出真相，而不是人云亦云，毫無判斷力。

觸覺發展的基礎在於皮膚

人必須透過皮膚才有觸覺，而皮膚是人體最重要的感覺器官。一個人可以一輩子聽不見、看不見，依然安好的活下來，可是萬一沒有皮膚，就無法存活。

大家都知道海倫‧凱勒的故事。這位偉大的生命鬥士在一歲半時，因為生病發燒失明又失聰，但是日後透過皮膚的感應去學習，竟然可以學會手語和說話，並且完成大學學業，而後四處演講，鼓勵和自己一樣有缺陷的人克服身體障礙，並且為身心障礙者的福利和學習奔走，成為舉世景仰的生命楷模。而她感知外界、與外界連結的基礎，就是來自皮膚所特化的功能，這些特殊功能可以用來取代其他感覺器官。

● 皮膚的作用遠比我們所想像更神奇

醫學教科書上列舉出皮膚有二十種以上的功能，所以皮膚的作用遠遠比我們所想像更神奇。人智醫學認為皮膚宛如雙面鏡，具備三種功能，它溝通內外，並且透露情緒狀態。皮膚的外層反映內在狀況，皮膚的內層則是反映外在的訊息變化，所以中醫說皮膚是內臟的鏡子，它的乾燥或濕潤、細膩或粗糙、顏色與光澤等等，都可以說明一個人的健康狀況與情緒反應。

　　華德福教師在進行兒童觀察時，皮膚的狀況是觀察當中最基本的重點，除了觀察皮膚紋理粗細、潤澤度、粗糙度之外，摸起來的觸感是否冰涼、顏色是否正常等細節都必須講究。

　　人在害怕的時候皮膚蒼白，害羞的時候會臉紅，興奮時皮膚微微顫抖、極度驚嚇時會起雞皮疙瘩，所以皮膚能夠如實的反映情緒。

　　觸覺和皮膚有絕對的關係，皮膚是曝露在外界的部分神經系統，也就是中樞神經系統的外端。神經系統的中樞在腦部，末梢對稱性的分布在四肢軀幹，尤其以手指頭和腳趾頭的作用最顯著。華德福幼兒園帶小朋友唱歌做手指謠、玩沙、捏蜂蜜蠟，華德福小學帶著孩子做泥塑，就是要給孩子的四肢末梢良好的觸覺刺激，傳遞到腦部中樞，促進腦部神經中樞的連結，協助孩子的智力發展。

　　七歲前的孩子還無法正確表達身體感受的位置，大人問孩子哪裡痛，七歲前的孩子可能會摸著肚子說手痛。孩子開始學習拿湯匙、叉子吃東西，如同是一種觸覺的延伸，插著插著，他會分辨出叉子插進一片蘋果和插進一杯水，感覺是不一樣的，這是很好的觸覺練習和感官開發。但是大人看到孩子拿著餐具亂插亂舀，通常會制止他們說「不要玩了」，這其實是在阻止孩子觸覺的發展。同樣的，拿著彩色筆和蠟筆塗鴉，也是體驗不一樣的觸覺。

　　大家或許都忽略了，眼神的接觸其實也是觸覺的延伸。相愛的人含情脈脈的四目相交，其眼神接觸的化學作用等同是肌膚的撫觸。所以大

人用關愛的眼神看著孩子，就如同是擁抱他；同樣的，很多大人喜歡用
威嚇的目光瞪視孩子，其殺傷力就如同是痛打孩子一樣。

觸覺刺激必須溫柔而堅定，方能夠給予孩子滿足感

　　擁抱孩子有兩種，一種是積極的，一種是消極的。消極的抱孩子，是孩子來討抱抱，大人才要抱他，或是抱孩子的態度敷衍，讀秒計算，草草了事。

　　積極的擁抱孩子，是不等孩子來要，大人自己就迎上前去說「來，爸媽抱抱」，然後全心全意的抱著他，一直抱到孩子自己說好了、不要了，才放他走。

　　和孩子進行觸覺上的交流要態度積極，然而凡事過猶不及，積極過頭失了分際，超越孩子的界限，又是另一種傷害。例如，很多大人越看孩子越可愛，忍不住去捏孩子的臉頰，孩子覺得不舒服、不喜歡，以後只要一見到大人的手伸過來，他立刻左閃右躲。大人還不死心，就是想要去逗孩子、捏他一把、掐他一下，逼得孩子最後翻臉警告說：「媽，妳別來了，妳別來了。」這明顯已經是過度的觸覺刺激。

　　大人給孩子的觸覺刺激必須是溫柔而堅定的，良好的觸覺刺激可以滿足孩子的安全感，讓他們油然感到安適。反之，缺乏良好的觸覺刺激，孩子會感到自己不受保護、不被愛，因而萌生被遺棄的恐懼感。

● 缺乏良好觸覺刺激的孩子，一輩子缺乏安全感

我的朋友Ｍ女，說自己小時候非常愛哭，每次一哭，大人就不耐煩，威脅要將她趕出去。小孩子聽到自己要被趕出家門又是一陣驚恐，哭得更大聲了，結果大人說到做到，真的把她關在家門外。

幼小的孩子因為語言發展還沒有好到可以表達自己的感受，所以有情緒或感到不舒服時，通常只會用哭泣來表達，因此幼兒覺得不安適就會哭鬧，其實是很正常的，這時候大人溫暖的撫慰可以讓幼兒感到自己是受到保護和被愛的。萬一這樣的需求未能被滿足，孩子就會變得極端缺乏內在的安全感。

Ｍ女便是如此。她對於未來的不確定性特別恐懼，想要換個工作，不停思前想後，反覆沙盤推演，躊躇了大半年還是舉棋不定，一顆心懸在半空中，始終沒有結論。未來的事本來就沒有絕對，誰都說不準，有人可以勇敢迎向不確定性，Ｍ女卻不敢做沒有保證的事，所以一步都踏不出去。這就是幼年缺乏良好觸覺刺激，長大以後人我覺當中的勇氣發展薄弱所造成。

Ｍ女儘管花容月貌，卻始終缺乏穩定交往的對像，因為過去交往的對象都認為她冷若冰霜，對別人的熱情沒有回應，所以戀情總是無疾而終。事實上，Ｍ女並非不想談戀愛，對組織家庭也懷抱憧憬，但是她從小就缺乏被愛的感覺，所以不知道如何回應別人對她的感情。別人對她好的時候，她會任性踐踏別人的感情，這是因為本身沒有情感溫暖的

經驗。但是當對方離她而去，她又會感到強烈的被遺棄感，跌落痛苦的深淵久久不能復原。

她的內在情感如此矛盾，以至於斷絕了自己的姻緣桃花，相當大的原因可以追溯到從小在觸覺上並未獲得正確的發展。

幼兒受到驚嚇，身體自然會起害怕反射。例如，聽到一個非預期的巨大聲響，孩子的身體會猛然一震，或是大人經常抱著他的那一雙手，好一陣子不再抱他了（最常發生在父母有了小的，疏於照顧大的），也會讓幼小的心靈感到害怕不安。幼兒最需要溫柔而堅定的碰觸，帶給他足夠的安全感，萬一觸覺需求沒有獲得滿足，孩子再大一點，就會對某些觸感產生莫名的反應，像是害怕沙沙的或是黏黏的觸感，還是對親友之間稀鬆平常的互動也顯得很敏感，比如說，怕家人拍拍他的小屁股。尤其是特別怕黑或是怕高，因為在黑暗中，人與人的界限不見了；在高處看不到盡頭，也如同是沒有界限。

● 過度反應或是過度無感，都是觸覺與生命覺失調

有一天，我女兒在看電視的談話性綜藝節目，當天的話題引起我的興趣。節目找來三名號稱膽小如鼠的男大學生，說出自己平日最害怕的東西。第一名男大生說他害怕黏黏軟軟的東西，包括表皮有一層黏液的青蛙，到粉圓、果凍、仙草、愛玉，他無一不害怕。有一次，女朋友要

他一起喝珍珠奶茶，這名男大生想逞強，把心一橫，硬是將粉圓吞了進去。但是他後來實在受不了這些「恐怖異物」在胃裡翻攪，最後掏心掏肺的吐出一桌「滿漢全席」，當場英雄變狗熊。這名二十歲的年輕男大生還怕黑、怕血、很容易受到驚嚇，但是他有一項沾沾自喜的能耐，那就是他不怕痛，原因是從小常被打。

這雖然是一群年輕人插科打諢的娛樂節目，逗得大家哈哈大笑，我卻頗感心酸，因為這明顯就是一個小時候遭受不當刺激（挨大人打罵），導致觸覺與生命覺發展不良的年輕人。他因為感覺異常，被痛打時不覺得痛，卻害怕一些美味可口的軟 Q 食物。節目中，三名男大生害怕的東西儘管有不同，不過他們的過度反應或是過度無感，同樣都是觸覺與生命覺失調的結果。

Column

產婦的陣痛是新生兒最好的觸覺刺激

　　科學家曾進行一項老鼠實驗，方法是把老鼠的重要腺體切除以後，分成兩種對待模式加以觀察。一組白老鼠被實驗人員溫柔善待，另一組則備受噪音等的粗暴對待。結果前者活得安好無恙，後者很快就性命嗚呼了。

　　目前已知貓狗等動物，特別是哺乳動物的媽媽，會溫柔舐拭新生寶寶，尤其著重在生殖器與肛門之間，這麼做不只是要達到觸覺刺激的作用，更是透過觸覺刺激，啟動小生命的重要功能。貓狗的生產過程不像人類這麼長，寶寶經過母體產道的觸覺刺激不足，所以需要動物媽媽的舐拭加強啟動排尿、呼吸等的生命功能。

　　那麼，人類為何不用這麼舐拭新生兒呢？其實，胎兒在母體子宮的羊水包覆中，已經受到溫柔的觸覺刺激，等到胎兒再長大一些，還會自行擠壓媽媽子宮的內膜，主動製造觸覺刺激。漸漸擠壓到一定程度以後，胎兒準備要出生，經過產道的過程就成為最重要的觸覺刺激。原因是子宮與產道有節律的收縮，對胎兒來說是非常好的按摩。人類生第一胎的平均時數是十二小時，生第二胎的平均時數是八小時，也就是說，媽媽用自己十個鐘頭左右的生產陣痛為孩子做足了按摩，也是送給孩子最好的第一份出生禮物，母親的偉大由此可見。

　　經過產道自然生產的孩子，因為受到足夠的觸覺刺激，啟動消化與

泌尿系統等的功能，所以生命力比較強。而不足月的早產兒，或是未經產道的剖腹產兒，身體的各項系統功能發育相對比較弱勢，因此常見早產不足一個月，發育或發展就晚一年的情況。例如，足月產的孩子平均四歲左右可以不必在半夜起床解尿，可是早產一個月的孩子，可能必須等到五歲才能夠發展到這個程度。

而且早產或是剖腹產的孩子較容易發生過敏反應，相對來說語言發展與使用手部的能力發展都比較緩慢、專注時間短、情緒起伏大、大小便控制能力比較弱，又因為觸覺刺激不足，所以普遍喜歡吸吮指頭，加強自我刺激。

家中如果有小孩特別愛吸吮指頭、衣服或棉被等，就表示孩子受到的良好觸覺刺激不足，大人應該要增加對孩子的親密接觸，及早安撫孩子的不安全感，讓他克服天生的恐懼不安。

Column

過敏兒為什麼越來越多？

人類經過母體十個月懷胎生出來的孩子，其實是尚未成熟的生命，所以其他動物出生以後很快就會爬，人類的新生兒卻必須經過八個月才能爬行。原來，人類由於直立的姿態，骨盆腔開口因此變窄，如果不在胎兒十個月的時候趕緊將他生出來，那麼胎兒的頭就會大到生不出來，換句話說，十個月的懷胎期對人類胎兒而言其實是不足的，因此孩子出生後，大人必須格外細心照料這個不成熟的小生命才行。

動物出生以後，很多消化道的酵素就隨之分泌，所以很快可以盡情的享用食物。可是人類必須成長到四個月左右，才會分泌小腸酵素，在這之前，新生兒體內的酵素只能分解母奶，因此不可以隨便餵孩子吃東西。至於肝臟酵素、澱粉分解酵素又得再等到約四個月後，直到這時，寶寶才能夠嘗試米湯等副食品。

我在臨床上見過一些求好心切的父母，在孩子只能淺嚐米湯的年紀，就用牛肉湯泡牛奶給孩子喝，以為這樣可以強化營養，殊不知孩子的消化道還沒有足夠分解牛肉湯的蛋白分解酵素，因此誘發身體過敏反應。此外，新生兒配方奶的蛋白質成分也普遍過高，所以喝配方奶的孩子容易過敏。時下的過敏兒越來越多，其實是因為大人沒有全面理解幼兒的發育過程，急於把自己認為最好的給孩子，所造成的反效果。

不一致的觸覺表達

幼兒一直在探索生命的各種可能性，目的是要學習展開生命的能力。他們躺在床上時會揮舞手腳發展動覺，站起來以後開始練習重心平衡，過程中伴隨著大人給予溫柔的觸覺，讓他們形成有意識的判斷力。當孩子所感知的一切條件都是一致的，包括住在自己的身體很舒適、身邊大人和環境對待他很溫柔，他們就有了「愛是溫暖而安全」的一致性感覺。

而萬一孩子所感知的並不一致，那麼他會發生認知錯亂。舉例來說，會刻意將孩子送到華德福學校就讀，應該是很愛孩子的父母，所以幫孩子精挑細選了這個體制外的教育體系，想要給孩子不一樣的學習體驗與美好人生。但是，這麼愛孩子的父母卻會打小孩，就讓人感到十分錯亂。

有一位家長對我說：「我真的很愛我的女兒，可是不能容忍她那副德性。」媽媽口中的「那副德性」，是指她火相氣質的女兒十分調皮搗蛋，又很堅持自己的主見而不願乖乖「受教」。這位媽媽氣不過時就會祭出家法伺候，個性倔強的女兒當然不能心服，但是她鬥不過媽媽，於是只好打弟弟出氣。終於有一天，長期受姐姐霸凌的弟弟抄起傢伙，嗆聲說自己要殺了姐姐，誰都不准阻攔他。

　　這就是不良觸覺刺激的可怕後果。家人之間尚且如此，何況是社會和國家，它會引發暴力砍殺與戰爭，絕對不是危言聳聽。

　　「我很愛孩子，但是會打孩子」，這本身就是不一致的觸覺表達，讓孩子形成錯亂的感覺，以為「愛是痛苦的」，同時造成孩子錯亂的意識，無法發展出正確的判斷力。

幼兒觸覺發展失調的表現特徵

缺乏對自我和世界的信任

他們總是認為自己成事不足，什麼事都做不了，所以不願意採取行動。也因為缺少對世界的信任，所以不願接受別人的擁抱。幼兒園的老師每天做完晨圈律動以後，都會和每個孩子一一擁抱、互道早安，可是有個小朋友總是趕緊藉故跑開，不願意被擁抱，這是對自己和世界缺乏信任的緣故。

還有一個孩子向同學借玩具，同學滿口答應說等一下借他。但是這孩子好像信不過別人，不斷黏在同學身邊一遍又一遍的確認說：「你等一下一定要借我喔，記得一定要借我喔！」他就是不相信別人的承諾。

散漫

有些孩子雖然每天按時上課，也和老師、同學一起活動，進行學校一整天的流程，但是生活之於他們卻好像只是浮光掠影，沒有留下深刻的體會。他們儘管看似樣樣參與，卻因為缺乏目的性與用心投入，所以和他們互動的過程會感覺這些孩子心不在焉。師長可以看到其他的孩子每天都在成長變化，學習也越來越深入，唯獨這些身心分離的孩子散漫

依舊，多年下來看不到成長。他們活生生的站在你面前，感覺卻像是個不真實的幻影。

這樣的孩子一旦眼神與人交會，很快就把眼睛移開，讓你不知道他是否在聽你說話。他們會突然插嘴，憑空說些不相干的話，讓人丈二金剛摸不著頭腦。孩子們在自由遊戲時間忘我的玩樂時，這些孩子更顯得格格不入，他們無所事事的晃過來晃過去，偶爾拿起玩具，又不是真的在玩。戶外遊戲時，他們也像個局外人一樣做壁上觀，有意無意的隨手拿起竹竿敲敲石頭，又順手把竹竿丟掉……總之，世間的一切都好像與他們無關。

有時候他們借用別人的東西，漫不經心的搞丟以後，面對「苦主」的追討，他們會無辜反問：「我有借嗎？我不記得呀！」然後又漫不經心的走掉。在他們身上似乎看不到挫折，因為他們根本不在乎。在他們身上也看不到深入學習，被罵也不痛不癢，被處罰同樣不以為意，小小年紀就好像已經看淡人世，對任何事情都無所謂了。

● 過度碰觸

過度碰觸的孩子常會主動擁抱老師或同學，而且是突然衝上前，不分青紅皂白的把人用力環抱起來，熱情的程度叫人難以招架。有的則是無法拿捏正確力道，碰觸他人的時候把對方痛得哇哇叫。

● 發洩

有些孩子無法遂行己意的時候，就用力敲打桌子、踹門、踢椅子，這是觸覺發展失調的一種發洩反應。有的孩子則被冠以「破壞王」的名號，看到其他孩子玩得正起勁，他沒來由的湊過去朝空氣踢一腳，甚至乾脆把別人的玩具踢翻。

● 渴望碰觸

在幼兒園裡，有的孩子很喜歡觸摸老師的頭髮、手或肩膀，老師如果沒有給予身體接觸的回應，他們會不死心的圍繞在老師身邊，不停呼喚「老師老師」，卻又不明說自己想要「抱抱」，就只是反覆伸手觸摸老師。晨圈律動以後，老師照例要和大家擁抱道早安，他們會緊緊抱著老師不放，甚至手腳並用夾住老師，像是無尾熊抱樹一樣，老師安撫他說要吃點心了，他還是緊黏不放，透露出內心想要與人碰觸的渴望。

● 口唇化（吸吮指頭、咬指甲等）

有些孩子只要手一閒著，就會把指頭放進嘴巴吸吮，特別是在學校排隊等待的空檔，常會看到孩子把手邊擦汗的小毛巾放進嘴裡又吸又咬。至於咬指甲的行為就和壓力比較有關。例如，老師正在講一個他從未聽過的新故事，讓他感到既興奮又緊張，就忍不住咬起指甲。

● 缺少界限

有的孩子一靠近同伴，就會拉扯對方的衣服，或是踢打對方。有的則是當別人不順從自己，他就很自然的出手打人。除此之外，未經別人同意擅自拿別人的東西，也是缺少界限的表現。

● 自我刺激的行為

在幼兒園最常見的自我刺激行為，就是睡午覺的時候用下體夾住棉被，或是摩擦自己的生殖器。這些行為源自於平日的需求被大人忽略，孩子只好自己尋求刺激的興奮，試圖平衡沒有被大人重視的不滿足感。

● 強迫性的問問題

有的孩子向同學借玩具，對方還在考慮要不要借他，他立刻展開死纏爛打的磨功，苦苦哀求：「可以借我玩嗎？可以借我玩嗎？」一秒也停不下來，非得逼到對方不得不投降。有時候老師因為狀況需要，臨時更改活動流程，這樣的孩子便會像誦經一樣反覆的問「為什麼為什麼」，也不管老師已經清楚說明原因，他們仍然停留在問「為什麼」的跳針狀態，無法像其他孩子跟著狀況彈性改變。

● 分離困難

早上媽媽帶著孩子來幼兒園，孩子說什麼都不讓媽媽離開，哭到聲嘶力竭，緊黏在媽媽身上就是不肯下來，完全無法面對分離的狀況。我還看過一位小朋友想要同學陪自己玩，但是同學不肯，他於是硬拉著對方不讓他走。

導致觸覺發展失調的不當教養方式

　　孩子觸覺發展失調，往往歸因於大人平日採取不適當的教養方式。常見會導致孩子觸覺發展失調的不當教養，有以下幾種狀況。

身心虐待

　　虐待的形式很多，包括打孩子和體罰孩子的肉體虐待、碎念不休的精神虐待、常對孩子惡聲惡氣或大聲吼叫、性虐待、拋棄等。前面舉出朋友 M 女的例子，她小時候愛哭，她的媽媽對愛哭的孩子一概採取「逐出家門」的鐵血手段。對年幼的孩子來說，早期一再被遺棄的感受會深植內心。相信各位都曾經見過大人被哭鬧不休的孩子惹毛，氣得當街把孩子丟包，想要嚇唬哇哇大哭的孩子安靜閉嘴。他們雖然不是真的遺棄孩子，但是在孩子需要大人的時候，像這樣把他們丟在路上或關在門外，還是禁閉在房間裡做為處罰，也是一種拋棄行為。

忽略孩子

　　還有一種容易被輕忽的虐待行為，就是「忽略孩子」。舉例來說，孩子需要大人擁抱或協助，還是身體不舒服而哭泣的時候，大人用「我很忙」、「現在沒空」隨便打發，一再忽略孩子的需要，也會妨礙他們

的觸覺發展。不但如此，大人對孩子的接觸如果缺乏愛的感受，同樣有損於他們的觸覺開展。例如，抱著孩子的時候一面和人拼命講電話，或是聊天聊得渾然忘我，還是沉迷在電視劇中，孩子雖然被大人抱在手上，卻感受不到關愛；對孩子應付式的隨便抱兩下，也是不當的對待。

● 過度摟抱、碰觸或撫弄

和忽略孩子正好相反，大人對孩子過度摟抱、碰觸或撫弄，同樣不利於觸覺的正常發展。例如，孩子都說不要抱了，大人還摟得緊緊的，或是經常對孩子呵癢。對孩子來說，搔癢其實是很不舒服的感受。而大人一見孩子可愛，忍不住反覆捏他們的小臉蛋，這也是過度的碰觸和撫弄。

● 對孩子沒有界限

對孩子沒有界限，可以從兩方面來說。一種是「侵犯孩子的界限」，一種是「沒有為孩子形成界限」。

・侵犯孩子的界限

當孩子說他「不要」的時候，硬是強迫他接受，這就是在侵犯孩子的界限。像是反覆捏捏孩子的小臉頰，或是摸孩子，惹得孩子左閃右躲、哇哇大叫。大人雖然並非惡意，可是孩子表明不喜歡你的碰觸，大人就

應該適可而止。至於責打孩子那更是百分之百的侵犯界限。

　　界限的建立不僅只於肉體，任意開孩子的玩笑，或是嚇唬孩子，讓孩子感到不舒服，還是心生畏懼、沒有安全感，都是在破壞孩子的「保護膜」。兩歲半以前的孩子不明白何謂「幽默感」，和他開玩笑會讓他誤以為大人在取笑他，這便是侵犯了他的界限。嚇唬孩子說「叫警察來抓你」也是大人慣用的伎倆，實在並不可取。

　　當別人家的孩子想要借自己家的玩具，孩子不肯出借，斷然拒絕說：「不要，這是我的。」有些大人會站出來，教訓自己的孩子說：「這麼小氣，借別人玩一下有什麼關係。」大人或許以為這是教導孩子與人分享的好機會，殊不知當孩子宣示主權說「這是我的」，就是在形成他的界限，孩子既然是玩具的主人，那麼沒有他的同意，即便是父母也不應該擅自作主。

　　特別是三歲左右的孩子有很多的主張，經常把「我不要這個我不要那個」，或是「我要這個我要那個」掛在嘴邊，出現種種對抗行為。面對孩子的「造反」，父母應該感到開心，而不是期待他們都很乖，沒有自己的意見。因為孩子如果在三歲時能夠堅持己見說「不」，將來長大以後就能夠堅定的說：「好，沒問題。」

　　萬一孩子開口閉口都說不要，有可能是大人平日的聲音、眼神、表情或態度過於嚴肅，孩子害怕大人這種難以親近的姿態而變得內縮，不敢嘗試新事物，所以樣樣都說「不要」。

・沒有為孩子形成界限

「沒有為孩子形成界限」最典型的教養方式，就是縱容孩子。該睡覺的時候不睡覺，不該買玩具的時候，禁不住孩子在地上哭鬧耍賴，仍然乖乖掏錢買單。父母隨便孩子想怎樣就怎樣，沒有為孩子形成足以保護自己的界限，這也會造成孩子的觸覺發展失調。

觸覺發展失調的孩子如何度過他的一天？

一般而言，過動的孩子通常是男孩，膽怯焦慮的孩子通常是女孩，前者多數是生命覺發展失調，後者多數是觸覺發展失調。觸覺發展失調的孩子會表現出焦慮、膽怯的特徵，他們的一天通常是這樣過的。

● 多災多難的白天

一早起床，父母在為他們梳頭的時候，孩子會哎哎叫痛。明明早上剛起床時還活力充沛，可是吃早飯的時候卻一副昏昏欲睡的可憐相，越是臨到出門的時候，孩子動作就越慢，拖拖拉拉不知在磨蹭什麼。在父母眼中，這些表現根本就是存心要激怒大人。

眼看時間一分一秒過去，大人小孩上班上學都要遲到了，他還不停在耍花招。穿衣服說衣服會刺，穿鞋就說鞋太緊，這也不要那也不行，於是不停的換鞋換衣服，換來換去他都不滿意，忙亂中不小心戳到他的小臉，他就放聲尖叫，小題大做的說你是故意要弄傷他。而這還只是一天的序幕而已，他們到學校以後，狀況更加層出不窮。

在學校一天，這些孩子的敏感和焦慮簡直到了令人匪夷所思的地

步，所以父母看到的還不是最糟的。他們在教室到處碰撞，弄翻杯盤桌椅，把東西掉滿地，然後不停眨眼睛、神經性吞嚥口水、發出清喉嚨或咳嗽等的怪聲音。

等到下午把放學的孩子接回家以後，父母對他們的無可奈何與嫌惡也到達最高點。你得陪伴他們做作業，而過程猶如打一場體力與精神消耗戰，你會感覺自己隨時要爆炸。

● 反覆折磨的夜晚

夜幕低垂，災難的一天終於接近尾聲，孩子又使出「拖」字訣。刷牙刷到快把牙齒磨出凹洞了，還是不肯罷手，而且情緒變得特別亢奮，嘰嘰喳喳說個沒完，越接近道晚安的時刻，他的話就越多。當你要帶他做睡前祈禱的時候，他開始連珠砲的提問：我們明天要做什麼呀？我半夜如果肚子痛，你會不會來看我呢？我如果睡不著怎麼辦？啊，不行，人家好想尿尿。然後就用尿遁逃避關燈睡覺。

大人當然看穿了他的技倆，要他乖乖躺好，然後為他說床邊故事，或是輕輕哼唱，想為他催眠。可是他一定有辦法讓這個過程不斷倒帶，一遍又一變重來，直到大人筋疲力盡，最後可能比孩子先不支睡著。

如何為孩子從內在重新建立起平靜的安全感？

　　以上「磨人精」的行為，完全說明了孩子內在極度的焦慮。他們害怕自己一覺醒來世界就消失不見，所以不能讓自己睡著。不過他們焦慮恐懼的情緒並不是在睡前關燈的那一刻才開始，而是在一天的傍晚五點左右就已經到達最高點，因為他們這時候感覺到身體的保護膜消失了，緊張害怕讓他們失去安全感，緊緊黏著大人，哪裡也不肯去。如果這樣的孩子在上幼兒園，大人應該在五點以前把孩子接回去，否則孩子見到你的時候，不免要耍一陣子脾氣。

　　前面說到，觸覺的意義在於建立人我界限，人我界限除了用來區分個體，它也會形成保護膜。對焦慮的孩子來說，這層保護膜會在傍晚太陽下山的時候消失不見，她們彷彿一下子成了裸體的公主（因為膽小焦慮大部分發生在女孩身上），變得十分緊張害怕，就好像失去了自己的形狀。而這個時間也差不多是學校放學、父母將她們接回家的時間。這是個關鍵時刻，父母若是未能適時掌控全局，把問題處理好，那麼到了晚上，孩子就會變得很「盧」，自己不睡也不讓其他人睡。

　　孩子每到傍晚就「失去形狀」，外表沒有界限和保護膜，父母必須為他們從內在重新建立起平靜的安全感，也就是從接孩子放學回家以

後，屢行一個規律而有秩序的過程。

● 「規律而有秩序的過程」該如何實踐？

這個「規律而有秩序的過程」包含兩部分，一是「讓孩子主動做些什麼」，一是「讓孩子聆聽大人說話或唱歌」。實際的做法是這樣的：

‧透過「塑形」，讓孩子把失去的形狀重新塑造回來

接孩子回家後到晚餐前，要有節奏的安排一些活動，率先出場的節目是「塑形」。幼兒園的孩子可以用蜂蜜蠟來做，小學的孩子可用黏土；大人小孩都必須動手，不能有一方當觀眾，方法是捏塑一大一小的兩個立體圓球。為什麼是圓形而不是其他形狀呢？因為當我們試圖要捏塑出很圓的球體時，身體自然會很放鬆，如果不夠放鬆，球體就不會真的圓（相反的，將黏土塑成立方體的過程，會讓我們變得很清醒）。

接著，將大圓球做成籠子，小圓球塑成小老鼠；或是大圓球塑成房子，小圓球做成一個小矮人；或者大圓球做成鳥巢，小圓球做成小鳥……總之，就是在「為小圓球找到一個家」的對應關係下，任由自行發揮──籠子相對於小老鼠、房子相對於小矮人、鳥巢相對於小鳥……大人不必為孩子解釋太多，放手去做，玩得開心就好。塑形的用意，是把孩子失去的形狀重新塑造回來。

‧抱著孩子，讓他聆聽大人十分鐘

完成「塑形」以後，接著上場的第二段節目是「聆聽大人」。大人要對孩子說故事或唱歌、彈里拉琴 (Lyre) 都悉聽尊便，時間以五至十分鐘左右為限，時間到了就要停下來，過程中必須一直抱著孩子，而不只是讓他坐在腿上而已。

・讓孩子看著你從容有序的做飯

接下來是大人做晚飯的時間了。這時要把孩子帶到廚房，讓他坐在餐桌旁玩耍或畫畫都好。準備晚飯的大人應該從容的做每一個動作，在孩子面前表現自己按部就班的自信與有計畫的做事態度，而不是慌張錯亂、把鍋碗瓢盆敲出乒乒砰砰的吵雜聲。即使是看似再平常不過的做飯，都能向孩子展現大人有想法的行動，而不是盲目的無頭蒼蠅，亂七八糟的拼湊一頓飯。由此可知能下廚、懂做飯的重要性，絕不只是給家人一頓美味營養的享受這麼簡單而已。

孩子的內在會模仿大人有想法的行動和條理井然的行為步驟，如果他已經夠大了，不妨讓他當你的小幫手，一同參與準備，像是擺碗筷或挑菜葉等。

為容易焦慮的孩子所準備的膳食內容，必須有營養並且容易消化，千萬不要做一桌香噴噴、油滋滋的重口味菜餚，把孩子的腸胃撐壞了。

・用溫柔的觸覺認真為孩子洗澡

晚餐後適當休息片刻，就是洗澡時間。洗澡的目的不在於把每一顆

毛孔都刷洗得乾乾淨淨，而是「溫柔的觸覺」與「有順序的清洗」。例如，如果是從頭洗到腳，大人就要將孩子的意識從頭開始一一帶到腳，而不是心不在焉的邊洗邊想事情。

‧享受十分鐘足浴，外加大人溫柔的歌聲

洗完澡以後，還要做一道泡腳（足浴）的功夫（可參與本書附錄 4 的人智學居家護理課程，學習泡腳的方法）。萬一家中的客廳人多雜沓，就不要讓孩子待在吵雜的客廳，另外選擇安靜的空間進行足浴。足浴時間不必太久，十分鐘就足夠。這十分鐘，大人應該陪著孩子唱歌或彈里拉琴。必須注意的是，孩子只要聽就好，不要讓他跟著一起唱，更不可以放錄音帶，總之，就是要讓孩子聽你一個人溫柔的歌聲。

‧玩十分鐘的「腳底觸摸」遊戲

讓孩子閉上眼睛，用各種不同觸感的物品去碰觸孩子的腳底，像是蘋果、檸檬、雞蛋、布偶等，讓孩子來猜。遊戲的目的其實是讓孩子把專注力和意識從頭部引開，轉而集中在自己的腳，不要總是想得太多太雜亂。

‧玩「跳躍遊戲」

讓孩子穿上保暖而厚重的鞋，先進行三次跳躍動作，然後爬到室內高一點的地方再跳下來，例如，爬上床以後跳下來。重複爬上跳下三遍，再回到三次跳躍動作。

跳躍三次→重複三次爬上跳下動作→跳躍三次

・敷洋甘菊敷布 15 分鐘，或塗抹有機洋甘菊按摩油

　　對這些有創傷的孩子要使用洋甘菊敷布，敷在他的身體肝區（右側脇肋區）大約 10 ～ 15 分鐘。為了讓孩子乖乖躺上十多分鐘，大人也要陪孩子一起濕敷，孩子自然就會模仿你，甘心樂意的躺好。或者，也可以用有機洋柑橘按摩油，在右側脇肋區由前往後塗抹較為方便。

・道晚安

　　從傍晚到睡前的所有節目安排到此圓滿結束，你可以為孩子說一則床邊故事，然後熄燈互道晚安，也完成了這一日的「重建」工作。

● 每天早上陪伴焦慮的孩子展望美好的一天

　　焦慮的孩子在一天當中，以早上的狀況最好，傍晚最糟。所以他一早醒來還雀躍期待星期天要去外婆家玩，到了傍晚就反悔說不去了，因為這時候他失去自己的形狀，也失去安全感，黏著大人都來不及，當然不願去任何地方。大人應該趁孩子一天當中情況最好的早晨，引導他展望美好的一天。方法如下：

・為孩子說明一整天的計畫流程

為孩子說明一整天的計畫流程，目的是要讓他知道今天會在什麼時候做哪些事情，而不是讓他感到下一步永遠是未知數，總是處在措手不及的狀態。

‧為孩子做全身精油塗抹或按摩

焦慮的孩子外觀顯得比較蒼白，為他們進行全身精油塗抹或按摩，用意在協助他們形成一道保護膜，以免他們很快變得蒼白。要讓孩子早晨振奮精神，可以使用有機迷迭香精油；而有機檸檬精油可以協助孩子的自我更堅定，也是不錯的選擇；或用泥煤碳按摩油來防止外界事物對孩子造成影響。

◉ 每天執行，至少持續一個月

從以上可知，要把觸覺發展失調的孩子帶好，工作真不少，不過大人只要持續堅持一個月，必定會見到孩子的進步和改變。這期間，每天都得做，偷懶一天也不行，而且必須至少連做一個月，才能夠把模式初步建立起來，十天半個月是絕對不夠的，所以這未嘗不是對大人意志力和執行力的考驗。然而，只要一想到孩子的未來完全決定於大人此刻的作為，為人父母者應該都願意排除萬難去執行。

如果父母今天翻開本書，獲得這個寶貴的訊息，卻不願意克服現實的困難，而以時間不允許等理由推拖，那我實在愛莫能助，更遑論孩子後續的發展了。

Chapter 4

自我運動覺

· 自我運動覺

物質體的感覺：「我的身體沒有阻礙」

心魂的感覺：內心的自由（反之，內心充滿無力感，事情未做就先放棄）

靈性能力：同理心

認識自我運動覺

　　「自我運動覺」顧名思義，必定是和「自我」關係密切。每個人都擁有一副身體，它是有生命力的，而且是我們可以自主掌控行動的，這就是「自我運動覺」。更進一步解釋：身體有形狀，可以讓人觸摸得到，因此是觸覺的表現；身體有健康的生命力，這是生命覺的表現；而我可以用我的運動覺去掌握身體的移動，這便是「自我運動覺」。

　　自我運動覺也是語言覺發展的基礎，自我運動覺發展失調的孩子，常常會有語言能力發展遲緩的問題。自我運動覺還會發展成為個體「內在的心魂（soul）自由」，並決定一個人與外界的自由關係，所以建全的自我運動覺賦予我們堅強的自信心與挫折耐受力。孩子將來會成為劍及履及的行動巨人，還是光說不練的行動侏儒？是人云亦云的牆頭草，還是堅定果決的強人？自我運動覺的發展是關鍵。從結論來說，自我運動覺的昇華首先表現在「語言能力」，而後是「感動能力」，進而成就「完整的自主性」。

自我運動覺發展的階段性

　　一個人從出生到長大，自我運動覺會階段性的發展成熟，從最初不知所以的「胡亂動」，進展到「可以靜止不動」，再到「有計畫的行動」。

　　初來乍到的小生命本身已經具備活動的能力，但是他並不知道自己的活動是胡亂動，所以大人照顧小嬰兒不是鼓勵他多動，反而要避免他動太多，所以阿嬤時代育嬰，會用布巾把小嬰兒包起來，這麼做可以限制他們不要亂動太多，過度亂動並不利於自我運動覺的發展。

　　當然，這不是要大人用布巾把孩子裹上一整天，讓他無法動彈，而是在一天當中，將孩子的腿用布巾包覆固定幾個鐘頭，不讓小嬰兒的腿在空中亂踢，讓他靜止下來。孩子如果無法靜止下來，就無法學習，好比在課堂上彈跳、奔跑的孩子，根本聽不進老師的話。因此讓小嬰兒逐漸體會到身體可以靜止不動，這對他未來的學習很重要。

　　三個月大的小嬰兒可以讓自己的手在半空中暫停，而且盯著看，也開始懂得玩自己的手腳。慢慢的，他會伸手去拿東西。大約成長到兩歲左右，已經能夠用手精確的握住自己想要拿的東西。而到四歲時，孩子可以熟練的自行上下樓梯，這其實是一連串十分複雜的動作。

　　兩歲左右的孩子能夠用雙手穩定並且精確地握住自己想要拿取的物

品，這並非無意識的隨便亂抓，而是有目的性的。簡單的說，就是他想要拿，所以雙手配合執行他的意志。一個人必須先有想法，然後才有行動。「想要去做」這件事本身就是一個心理計畫，說明孩子已經從沒有意識的胡亂動，到可以靜止不動，逐漸轉變成「有計畫的行動」，而這就是自我運動覺發展的過程。

亂動→可以靜止不動→有計畫的行動

　　一名兩歲的孩子想要拿水杯，於是伸手去握住杯子，這只是自我運動覺的一個小小展現，如果從幼年開始自我運動覺就發展良好，長大後將會展現出無可限量的偉大行動力，社會革命就是如此，辦學興校也是一個很大的行動計畫。

　　反過來說，小時候的自我運動覺發展不足，將來會成為空有計畫而沒有行動力的人，所謂「言語的巨人，行動的侏儒」，成天光說不練，就是自我運動覺發展不良的結果。

自我運動覺連結「內在情感」

讓孩子如果生活在一個輕鬆愉快的環境，他可以發展出內在的自由。因為無拘無束的環境任他自由自在的跑跑跳跳，透過身體的移動體驗到發自內在欣然暢快的感受，所以「移動」和「內在情感」是互相連結的。

英文的「moving」既是「移動」的意思，也有感動、感人、內心發熱的意涵。外在的肢體能夠自由移動，就會激發內在的愉悅感受。由此可知，給孩子輕鬆舒展、快意活動的環境是多麼重要。

● 要孩子安靜不動是一種懲罰

孩子天生好動，除非有什麼足以吸引他們專注的法寶（像是引人入勝的故事）才能夠讓孩子安靜片刻，否則他們無時無刻都要動。大人處罰小孩，有面壁思過、畫圈禁足、坐小椅子不准離開等，都是在限制他們的行動，可見得要孩子安靜不動對他們是很痛苦的懲罰。偏偏大人平常就很喜歡把「坐好」、「不要亂動」掛在嘴上，不管孩子是不是做錯事，照樣懲罰不誤。

把一個大人關進牢裡，這是限制生命覺和運動覺的處置，所以會讓人感到可怕，發揮嚇阻犯罪的效果。搭乘長程飛機，無法中途離開機艙

到外面走動，也是另一種形式的限制生命覺和運動覺，所以令人感到不舒服，還好乘客知道再過幾個小時以後就可以到達目的地，因此還能夠勉強忍耐。但是對一個不知道自己還要被關多久的無期徒刑犯人來說，這是對個人內心自由的極度限制，所以是非常嚴厲的處罰。

我在第二章生命覺的結語當中，曾經提到一個孩子被媽媽關了半個鐘頭的實例，限制孩子的行動自由與生命覺，這是何等嚴重的懲罰，大人千萬不要隨便就把孩子「關禁閉」。

● 外在的言行舉止是內在情感的真實表露

孩子逐漸長大以後，他的言行舉動會出現社會性，例如，看到討厭的人會撇嘴、別開臉、用鼻子「哼」的一聲，表示自己的不屑態度；如果喜歡一個人，會正面迎向前去，手舞足蹈的連聲說：「哇，你來啦！你來啦！」任何人看到這些共通的肢體語言都能夠正確理解，不至於會錯意。

我以前在大醫院工作時，有一次正在和副院長談話，他中途接了一通電話，本來坐得好端端的他忽然立正站起來，畢恭畢敬的對著話筒另一端的人說：「主任，您好⋯⋯」

這就奇怪了，對方雖然是他的長官，但是遠在電話另一頭，彼此根本看不到對方，就算副院長翹著二郎腿說話也不會被識破，為何還要這般恭敬呢？這其實就是內在尊敬姿態的自然流露，我們對外的言語動作無不是內在情感的真實表露。

置之死地而後生的浴火鳳凰，是自我運動覺的成就

當自我運動覺發展成為內在的心魂自由，這個內在的自由就會與外在世界形成「自由的關係」，亦即：我是獨立自由的主體，不會輕易受到外在的影響而改變。

這一層與世界的自由關係是建立在「內在自由」的基礎上，而且「內心自由」以及「與外界的關係自由」必須萬分牢固，才可以在一個人絕望的時候，成為他再度站起來向前走的力量。

我的一名憂鬱症病人 L 先生是營造商，因為面臨上游拖欠鉅款，下游廠商又頻頻催款，讓他兩頭煎熬。由於牽涉天文數字的金額，不是一般調頭寸就可以解決，遲遲拿不到貨款的下游廠商不斷和他對簿公堂，要逼他還錢。身背鉅額債務的他，人生跌落無底深淵，難以承受的催債與還債壓力，令他陷入情緒的風暴中，罹患了憂鬱症。可是 L 先生並未選擇逃避，坦然面對下游廠商對他的責難和催款的所有法律手段，勇敢負起自己的責任。

他冷靜檢討，認為上游拖欠鉅款固然令他萬劫不復，可是他錯估形式在先，又不能及時催回款項，過程中自己也有諸多疏失，才會演變成

如此局面。事情既然已經發生，再多的追悔也沒有用，他選擇承擔過錯，勇於負責。在我看來，他尋求醫生協助治療憂鬱症，也是心態積極的展現，因為他有心要解決問題，而不是逃避擺爛，所以必須把自己的身心病痛治好，才能夠更有效的賺錢還債。

自我運動覺背後的意志力是非常強大的。我的一位病人 C 太太，因為丈夫經商失敗負債千萬，她一個人靠著賣小小的飯糰，用十年時間償還了所有債務。她是如何辦到的呢？C 太太運用靈活的頭腦，一再改良研發出好吃的飯糰，然後風雨無阻的推著她的小攤子，每天早、中、晚分別在不同的地點做生意，一天賣十多個小時，十年如一日。一顆不過數十塊錢的飯糰，對比千萬元的債務，顯得十分微不足道，如果不是有過人的意志力，如何能夠苦撐十年，堅持到債務還清、苦盡甘來的一天。

很多人終其一輩子都無法面對自己的重大挫敗，不是怨天尤人，就是逃避悔恨，崩潰自棄，可是 L 先生和 C 太太選擇走不同的路。他們都曾經不約而同的對我說過一句話：「事已至此，我也只能繼續往前走。」千萬別小看這句再普通不過的話，因為這句話充分透露出他們對自己的行動能力充滿自信心，所以能夠檢討過去得失，坦然接受結果，用心安頓未來。儘管眼前滿佈荊棘，命運多舛，也唯有自我運動覺能夠賦予一個人如此強大的意志力和自信心。所謂「置之死地而後生」、「浴火鳳凰」，都是自我運動覺的成就。

不少開業醫師深怕病人流失，一刻也不敢離開診所，這也是對自己的未來缺乏信心的緣故。過去，我曾經好幾年埋首診所的醫療工作，每天看一百多名病患，一周六天，周而復始，直到我身心極度疲憊，很想要暫時請假，好好休息。可是「死忠」的病患紛紛阻止，還祭出「道德勸說」，提醒我身為醫生的「社會責任」，豈可置病患於不顧。到後來我自己必須抱病為病人看病，毫無生活品質可言，忍無可忍之下迫使我自我檢討，認為是自己工作沒有節制累垮身體，為了修正自己造成的錯誤，我當下決定休診一個月。

事後證明，病人可以「容忍」和「體諒」我的告假休息，在我恢復看診時又紛紛「歸隊」。因為深知我請假是去充電學習，每次回到工作崗位又更進步，所以儘管造成他們求診上的不便，也還是願意配合我的時間，期待醫生的精進能裨益自己的健康。現在回想起來，如果不是對自己的未來和能力深具信心，我恐怕還在超負荷的工作地獄中苦苦掙扎。

同樣的，一些在職怨職，或是對現況和處境不滿的人，寧可自怨自艾過一輩子，也不願離開自己抱怨的環境，或是改變現狀，就是因為他們的運動覺發展失調，所以對未來信心不足，不相信自己可以做出不同的選擇，走好另一條路，因此終其一生都在裹足不前的怨艾中度日。

自我運動覺昇華為語言覺

自我運動覺是從身體的移動所發展出來的一種「對人生挫敗感的處理態度」，它還可以進一步提升為語言覺。

幼兒一歲能站，兩歲會走，三歲能跑，在他學會跑步的同時，說話也變得流利。這是因為人在跑步時需要運動很多的肌肉，而且是有力量的肌肉，當一個人跑得順暢，也會帶動聲帶的肌肉震動變得流暢，自然就口齒流利。孩子如果缺乏足夠的自由運動，有可能因為肌肉無力而導致語言發展遲緩。我看過不少語言發展遲緩的孩子肌肉都鬆軟無力。一個人手腳肌肉鬆軟無力，咽喉聲帶的肌肉當然也會鬆弛無力，這樣的肌肉狀態會妨礙孩子應有的語言發展。

肌肉無力其實是從脾胃虛弱而來。人體內外由數百塊肌肉所組成，就連內臟都是肌肉。它們的活動能量皆來自消化系統，也就是透過胃腸消化吸收的營養物質來供應肌肉活動所需的氣力。父母想要孩子的肌肉強壯，就必須先照顧好他們的胃腸功能。

自我運動覺的進一步昇華

自我運動覺的昇華首先表現在語言能力，然後是感動能力，進而成就「完整的自主感」。

感動是理解別人的內心，並且參與別人內心的活動。當我們聽聞別人的一席話，閱讀一篇文章或是欣賞一幅畫、一首歌而萌生感動，就是和對方透過語言、文字、繪畫或歌聲等媒介產生共鳴，這是一種內在較高層次的自我感知過程。

●「完整自主感」對個人及社會的重要性

因為觸覺，讓我們保有一個物質身體的邊界和「形」，並感知「形」的力量；因為生命覺，讓我們感覺到存在於物質身體內的穩定性和可靠性；因為運動覺，讓我們的物質身體可以移動，而且內心有了良好的方向感和自由感。這種運動覺帶來的自由感能夠使我們轉化為有彈性及適應能力的人，同時又保有「完整的自主感」，不會有失去自我的危險。

所謂「完整的自主感」，是指一個人不會被外在突發的狀況、不穩定的改變、不愉快的過往或閒言閒語的非議等不相干的感覺所影響。這是因為健全的自我運動覺所發展出來的內在心魂自由，能賦予我們優

勢，讓自我主導自己的生命行動。

台灣人普遍有多一事不如少一事的鄉愿心態，明知道某些有心人的話是在製造事端，卻又不願當面表態，認為自己笑一笑，不置可否就過去了。然而在一個團體裡面，這樣做是不夠的。因為不表示意見會被認為是默許，結果助長了謠言散布。之所以不願表態，是因為怕「中槍」，唯恐講真話會遭到有心人非議，受到無妄之災。

如果用「許姿妙」三個字上網 google 一下，那內容真是洋洋灑灑，精彩無比，有叫好的，也有罵翻天的，無論是「不虞之譽」或「求全之悔」，對我一概有如雲淡風輕，因為我對自己的所作所為了然於心，並不因為非議而動搖，這都是拜自我運動覺所發展出來的「完整自主感」所賜。

缺乏完整自主感會讓一個人變成盲從的牆頭草，隨波逐流無所堅持。當一個社會充滿了缺乏完整自主感的人民，別人說什麼他就聽信什麼，那麼誇大不實的宣傳廣告就會大行其道，黑心商品也能夠橫掃市場，甚至是選舉時買票盛行，想要建立真正自由民主的國家就遙遙無期了。

從蛛絲螞跡發現孩子的自我運動覺失調

華德福幼兒園的老師可以經由孩子的某些表現特徵，觀察得知哪個孩子自我運動覺失調，這些表現包括以下幾種典型。

● 肢體活動不協調

例如，已經四歲多的孩子，走路或跑步的時候雙腳還經常會互相絆到而跌跤；已經五歲多的孩子，把球往上拋擲以後，無法用自己的雙手接住球，或是在草地上滾輪胎時，手腳控制輪胎的能力明顯不足，導致輪胎左搖右晃，無法順利直線前進，甚至是不能夠控制輪胎停止，而衝撞到前面的人或物體。

● 大運動能力或是精細運動能力貧弱

大運動能力貧弱的孩子跑步可能永遠跑全班最後一個，或是已經六歲還不會爬樹或爬高台，總是要大人在一旁幫忙撐住。走在鋪大石塊的步道時，兩腳無法協調走過不平的路面，而必須趴下來手腳並用，成為爬行的四腳獸。

精細運動能力貧弱的孩子在上手工課的時候尤其笨拙，例如，纏毛線球的動作不流暢，經常會卡住，需要花費很多時間反覆練習，才能夠掌握動作的要領。

● 不願意嘗試

不願意嘗試的孩子很會「轉彎」，比方說，正當大家要出發跑步時，他就「尿遁」，或假借口渴要喝水而開溜；老師教大家從事一項新的活動，像是從 30 公分高的平台跳下來，他畏畏縮縮連說不敢跳，最後終究還是沒有跳，因為「嘗試」對他來說太困難了。又當老師要大家使用新的工具時，他會在一旁觀望，久久不敢行動，非得要確認大家用了都沒有事，加上老師不厭其煩的邀請，他才勉為其難的嘗試。他們甚至於不敢在大庭廣眾下和所有的人一同做動作，總要躲起來自己練習老半天，直到有充分把握以後才肯拋頭露面。

● 延遲的早期條件反射

嬰兒剛出生時的很多動作都屬於反射動作，例如抓握反射、害怕反射、踩踏反射等。種種反射動作讓他們的肢體活動無法流暢，動作也沒有結構性，感覺很不自由。幾個月以後，經由爬行、翻滾等的自行肢體訓練，他們使用身體越來越熟練，不再需要反射動作的保護，這些嬰兒時期的反射動作就會隨著年齡成長而逐漸消失。可是有些孩子的反射動

作卻沒有消失，所以肢體動作顯得特別笨拙，這多半是因為大人沒有遵照幼兒身體的成長節奏來教養孩子。

例如，幼兒的身體還沒有準備好自己坐起來之前，大人就將他放在安全座椅上，或強迫他坐著餵食，或是讓他坐在學步車上學走路，這都是在剝奪孩子自己練習坐起來、站起來的機會，以至於身上應該消失的反射動作沒有消失。

我在學校看到不少學習困難的孩子，他們因為早就應該消失的反射動作沒有消失阻礙了學習，例如過動、愛吵鬧而無法安靜片刻的坐在課堂上、不能夠好好的把話說清楚，或是玩傳沙包、丟沙包時總是漏接。教室裡，有的孩子不能在椅子上坐正，身體總是不自主的向某一側傾斜、三兩下就趴在桌上，這也是早期反射動作沒有消失的表現。

‧如何讓應該消失的反射動作消失

想要讓應該消失的反射動作在應該消失的時候消失，父母最關鍵的作為就是讓孩子可以自由玩耍和移動。華德福幼兒園的老師每天早上都會帶著孩子做晨圈，律動當中的握手、拍掌、一手握住另一手拇指、跳躍等等豐富的肢體動作，也是在協助孩子克服未消失的身體反射。華德福的手工課同樣具有這樣的功能。

除了帶著孩子做律動、讓孩子盡情玩耍之外，還有一項很重要的條件必須做到，那就是「讓孩子的神經系統得以放鬆」。當孩子的神經系

統放鬆，應該消失的反射動作就可以順利的消失。父母應該建立親子之間良好的互動關係，讓孩子得以放鬆的模仿大人的各種動作。孩子如果與家裡的大人或是學校師長關係緊張，有些看似簡單的動作也會做不出來。所以說，父母與孩子之間必須有愛的互動，大人也要預留一塊特別的空間，讓孩子在這塊空間裡自由做自己想做的事。

造成自我運動覺失調的原因

被動僵化的生活模式

家中大人過度掌控，養成孩子必須聽到大人的指令才敢行動，或是才會行動的習性，孩子把同樣的習性帶到學校，就會變得極為被動，缺乏自主行動能力。或是大人不允許孩子犯錯，孩子一犯錯就遭到責罵或挨打，久而久之他們會採取「不做不錯，少做少錯」的消極態度，這也是在扼殺孩子的探索與發展能力。孩子如果總是不敢主動嘗試，身體自由運動的機會就越來越少，造成運動覺發展貧弱。

缺少刺激

生活方式太單調，缺乏在大自然的空間裡自由玩耍與探索的經驗，會妨礙孩子自我運動覺的發展。大人應該減少人為的安排，盡量讓孩子在自由環境裡探索地形和生物的多樣面貌，並且以自然的節奏接觸人事物。避免使用人為的機器和過度人工化的現成玩具，多多讓孩子在各種不平的、粗糙的地面爬行或步行。

● 看電視或是使用網路

電視等 3C 畫面的圖像變化太快，幼兒的眼睛還沒來得及適應，也無法感知和模仿，因此損害到他的運動覺發展。大人或更大一點的孩子對空間的感知已經成熟到一定程度，可以忽略螢幕畫面所呈現的空間感失真。不過幼兒的空間感還在形成階段，電視裡的圖像無法給幼兒正確的空間感知，因此大人應該盡量避免讓幼兒接觸電視或電腦，而改以充分的戶外活動來開展孩子良好的自我運動覺。

● 過早接受智力學習、精細動作的才藝學習或專業運動訓練

跳芭蕾舞等才藝，或是游泳、踢球等專業的運動訓練並不適合幼兒。幼兒需要的是自由探索自己身體的機會，然而現在的孩子多半缺乏足夠的時間與空間真正接觸自己的身體。

● 不適當的玩具

給孩子機械化、不需要想像力的現成玩具，也會妨礙孩子運動覺的發展。玩具店裡已經組合好的玩具，很難開啟孩子的想像力，所以華德福幼兒園只提供孩子天然的玩具素材，像是不同形狀以及各種粗糙面的木塊，讓孩子必須動用自己的想像力去賦予它們作用。

● 巨大的噪音

　　巨大的噪音會破壞孩子的運動覺，甚至是平衡感的發展，尤其要留意戴耳機的噪音傷害。整天聒噪不休的電視、收音機或音樂，同樣會破壞孩子的運動覺。

運動覺發展失調的孩子成了缺乏歸屬感的憂鬱王子和公主

運動覺發展不良在幼年時就可以察覺到徵兆，一部分自我運動覺發展失調的孩子會出現憂鬱或憂思性格，大約在三、四歲的時候逐漸表現出來。他們在教室裡顯得特別孤單，羞於和人接觸，也不敢和其他孩子玩，說明他們內在的退縮膽怯壓過了想與其他孩子玩耍的意圖。這樣的孩子喜歡自言自語，總是形單影隻的獨坐一旁，或是自己玩積木，卻玩得一點也不投入。晨圈的時候，他們只是孤獨站在原地不願參與，或者經常跑錯方向，姿態有如故事書裡的悲傷武士。大人如果用堅定的語氣叫喚他們，他們會像是聽到槍響一樣受到莫名驚嚇。

這些孩子之所以出現種種異樣表現，是因為自我運動覺失調以至於未能發展出內在的自由心魂，所以缺乏自己與世界之間的自由關係，這也造成他們無法從身體的移動中體會到愉快的感受，難怪只肯靜靜待著不想動。

模仿能力不足阻斷了自我運動覺的發展

移動能帶來愉快的感覺，這是源自於幼年時候的模仿。模仿是孩子的本能，他們會模仿家中大人或學校老師的所有言行舉止，藉由模仿，

孩子對行動這件事產生不能抑制的無限渴望，因為周圍的大人都在動，所以他們無論如何就是想要跟著動來動去。但是大人卻都要孩子「別亂動」，認為乖乖安靜坐著才是好孩子，真是奇怪。

孩子對移動的無限渴望讓他們想要像風兒、鳥兒一樣自由自在的移動或飛翔，不自覺的模仿動物爬呀、跳呀，大一點就學會騎腳踏車、溜直排輪，甚至學馬戲團雜耍的動作，這些活動都是他們無法抑制的本能渴望。動來動去讓他們內心感到十分愉快，而且這樣的愉快必須要和其他人互動，以獲得更大快樂；也就是說，當孩子一小群一小群的玩在一起，快樂會因為交互作用而加倍。憂思和容易受到驚嚇的孩子往往都會落單，他們不願參與是因為模仿能力不足，而模仿能力不足是因為缺乏安全感所造成。

● 模仿能力不足是因為嬰幼兒時期缺乏安全感

原來，這些孩子在發展自我運動覺的半途上就中斷了，他們只能模仿到像大人一樣站起來為止，接下來就做不到了。為什麼其他孩子可以，他們卻做不到呢？這是因為他們缺乏安全感。

安全感的缺乏可以追溯到出生後的前三年，照顧者與孩子的生活互動無法讓孩子充分發展生命覺和觸覺。觸覺帶給孩子受包覆的安全感，生命覺則帶給孩子內在平靜和諧的安全感。缺乏安全感的生命經驗讓他們三歲以後就停止模仿，變成憂鬱的孩子。安全感不足的孩子內在心魂

無法理解周圍究竟發生什麼事，所以對團體缺乏歸屬感，總是認為自己受到團體的排斥。這種被團體排斥的感覺如果經常縈繞心頭，就會成為充滿恐懼的生命創傷。

● 早年模仿活動太貧乏妨礙自我運動覺發展

自我運動覺發展良好的孩子可以想出各種主意，對玩樂總有源源不斷的點子，反觀自我運動覺發展受阻礙的孩子就做不到，這並不是他們比較笨，而是因為他們的自我運動覺發展不足；運動覺發展不足的原因之一，是早年模仿活動太貧乏。

所謂模仿活動太貧乏，往往可以歸咎於三大原因：一是陪伴孩子的人太少，所以他們被迫經常一個人獨處，與人的互動經驗不足；二是受到太多不能消化的感官刺激所干擾，例如，看太多電視節目、家中整天開著收音機、經常坐車或搭飛機等，因為外在刺激一口氣來得太多，讓他們無所適從，不知該如何模仿，正好應了「滿天全金條，要抓沒半條」的俗語；三是大人的脾氣不好，父母經常大發雷霆，抑制了孩子的模仿能力，更不用說是遭到虐待或侵害的孩子。

● 有助孩子發展自我運動覺的良好模仿條件

良好的模仿應該具備兩項條件，那就是「大人表現出正確的態度」，與「孩子擁有良好的睡眠品質」。大人與孩子相處時必須內心平靜，並

且能夠理解孩子，讓孩子靜靜的觀察你、模仿你。品質良好的睡眠也是幫助孩子發展模仿能力的要件，所謂品質良好的睡眠必須是「睡在對的時間」，而且「睡眠時間夠長」。（請參考拙作《病是教養出來的・第二集・愛與礙》）

如何引導缺乏歸屬感的孩子

對於這些因為內在心魂無法理解周圍發生的事，所以對外界充滿恐懼、對團體缺乏歸屬感的孩子，大人能為他們做什麼呢？

不厭其煩邀請孩子加入活動

首先，大人要經常邀請他們參與活動。由於這些孩子對周遭的理解力很差，大人應該視不同年齡的理解力，為他們不厭其煩的說明各種相關性，讓他們逐漸將周遭的事物連結起來，才有辦法說服他們安心參與，從一個困惑的旁觀者變成參與者。有的大人誤以為，既然孩子不喜歡就不要勉強他，因此放任他們始終做一個局外人，這樣是無法幫助孩子進步的。

在學校要做到這個程度，需要相當的人力配合，如果一個班級只有一名老師，那恐怕就力有未逮了。所以最好每班多配備一位助理老師，看到孩子不肯參與就前去協助孩子。

帶著孩子操作有步驟性的活動

此外，帶著孩子操作步驟連結的活動也有幫助。烘培就是一個有步

驟性的活動，像是和麵粉之前要先倒麵粉，加水以後麵粉就會變成麵糊……所有的步驟都有順序和關連性。帶活動的時候不要一股腦的做完所有步驟、完成作品，而是每次（每天）只教一個新步驟，讓孩子操做幾次直到熟練以後，再進入新的步驟，他就可以把這些步驟串連起來。

或者，邀請他參與一群孩子共同編故事，把他的話納進故事裡，成為集體創作的一部份，讓他產生參與感。對更大的孩子或有一定體力的孩子，可以選在每周同一天的同一時間，帶他循著同一條路徑走到同一地點停下來，然後在這一地點觀察同一棵樹或一棟建築，讓他看到同一棵樹或一棟建築每星期的變化。那麼，孩子可能會看到這棵樹上星期還是光禿禿的，這星期冒出新芽了。

大人要讓多愁善感的孩子對世界有參與感，而一連好幾個星期都到同一個地方，讓孩子觀察到大自然的變化原來有連續性，這是很好的方法。當孩子看到枝頭的葉子掉落，又會再長出新芽，葉子長齊了以後，從枝椏間會開出花朵，花謝了以後結成果實……他會知道大自然的變化並非毫無章法，而是有步驟可循的。讓孩子看到步驟之間的相關性，他會逐漸理解外界的變化，知道世界發生了什麼事，因為理解，他也可以參與其中。

● 在孩子面前充分展現自我控制的意志力

對於想太多的孩子，大人在他們面前尤其要充分展現出自我控制的

意志力。例如，說話不要劈哩啪啦像連珠砲，也不要大驚失色的叫喊，時時用從容不迫的態度讓孩子感受到你是有足夠意志力的大人，他也會在耳濡目染之下學習控制自己的意志力，不再用逃避退縮的態度讓自己陷入憂鬱情境。

和這樣的孩子說話，特別要使用美麗的字句，而且以不疾不徐的節奏來表達。常常做詩歌朗誦或歌謠吟唱，對他們來說幫助更大。因為這些孩子極為敏銳易感，所以大人不僅說話的遣詞用字要斟酌、音調要加以控制，相處時候的肢體語言和態度也必須很謹慎。你的一個眼神或不自覺流露的態度，都可能被他們深入解讀，因此不要動不動對他們皺眉頭，或是賞他們白眼。

Chapter 5

平衡覺

· 平衡覺

物質體的感覺:「我就是我」

心魂的感覺:我是獨一無二的,但是可以和他人共享空間(反之,自我毀
　　　　　　滅、破壞他人)

靈性能力:公正與公義

認識平衡覺

● 平衡覺是身體領域的最高統籌者

人類以觸覺來經驗自己的「存在感」，以生命覺來經驗自我存在的「安適感」；而後從自我運動覺獲得內心的「自由感」。所以觸覺、生命覺、自我運動覺都是作用於自我內在的感官，直到平衡覺發展出來，前面三種內在的感覺開始向外延伸，所以平衡覺是「轉換的感官」。

身體即使有了安適感與良好的肌肉協調能力，如果無法保持平衡，仍然不能夠妥善發揮這些感受與能力。在每天的日常活動中，就算只是站著或坐著不動，也都需要平衡覺的作用。特別是當我們扛著重物行走，還是單腳跳躍或跳舞時，並不覺得腳步沉重或是搖搖欲墜，即使走在窄牆上也不會掉下來，都是平衡覺奏效。平衡覺建構起我們內在的對稱感和方向感，而一個人內在的對稱感與方向感必須是衡定不變的。

觸覺、生命覺和自我運動覺的良好發展，讓一個人置身在幸福與滿足的狀態，平衡覺就是透過這一幸福而滿足的狀態，促使我們對身體產生意識。

平衡覺發展人類直立的能力

存在地球上的物體都受到重力的作用，被地球的重力往地心拉扯，人類如果完全任憑重力主宰，就不可能直立，而依舊是匍匐於地面的爬行動物。但即使是爬行，也需要一定程度的對抗重力，所以人類如果無法克服重力就不能夠移動自己的身體。

保持肢體活動平衡，自在的行走坐臥，早就被我們視為理所當然的能力，但是從物理學上來看，物質身體能夠克服重力的束縛直立起來任意活動，無疑是一大奇蹟。然而，是什麼緣故讓人類非得克服萬難直立起來不可呢？那就是人類所獨有的「自我」，是「自我」促使我們的身體從水平方向轉換為垂直方向。

目前已知的動物當中，只有人類是頂天立地的直立動物，就連人類的近親黑猩猩也不是真正的直立姿態。剛出生的嬰兒是水平姿勢，所以並不需要平衡覺。直到一歲左右，孩子透過模仿大人，不知嘗試了幾千幾萬遍的練習（自我運動覺的作用），才終於學會站起來，這是一個非常偉大的成就。

過程中，他們要先學會抬起頭，讓頭部保持平衡，然後試著坐起來，學會保持軀幹的平衡，讓自己從爬行的動物終於挺起成為直立的姿態。直立與水平在空間上是相對的關係，如果想要保持站立的姿勢，就需要

良好的平衡覺。

　　人之所以能夠站立，是「自我」（ego organization）這個能力的主體進入肉體。幼兒在三歲左右開始有「我」的概念，懂得說「我」，而且可以區分「我」和「你」的不同，這說明他們內在出現了一個自我中心點，所以三歲的孩子可以站穩，不再經常搖搖晃晃、重心不穩，而這就是他們將來發展為「三十而立」的基礎。長大以後要成為一個頂天立地的人，需要具備「自我」的中心感，才能夠穩穩站立於天地之間。

平衡覺發展三度空間移動能力

　　一個人站立的姿態，充分反映他內在的「自我」如何作用於這個人。三歲前的孩子還沒有「自我」的形成，所以無法用自己的「我」作用於肉體，讓自己站起來，只能借用大人的「我」，也就是模仿大人的直立，學著站起來。萬一在這段期間，孩子的周圍沒有大人可以模仿，他就無法直立。例如，被野狼養大的孩子只會四肢著地，像狼一樣活動，而不會站立行走。

　　平衡覺的作用讓孩子能夠模仿大人直立的姿態，它首先協助孩子克服地球的重力，好讓他們把身體拉直起來。接著，平衡覺又協助孩子發展三度空間移動的能力，也就是可以前、後、左、右、上、下移動的能力，這種可以在三度空間移動的定位感也是人類所特有的稟賦。不信的話，可以觀察其他動物有沒有「倒退嚕」的能力。

　　豐樂華德福幼兒園的晨圈律動有很多使用到三度空間移動的動作，其中包含的感官活動相當豐富，所以不能小看晨圈，把它單純當成是小朋友的唱遊時間。有的孩子因為某些因素，一早到校就賴在地上不願參加晨圈（多半是晚上沒睡飽，白天不想動），因此錯失了開發感官的大好機會，實在可惜。

　　幼兒剛學會走路的時候，因為只有前進的方向感，所以只懂得前

進，大約到三歲左右，他們開始學會各種轉身、側走的「花式變化」。先是從本來一轉身就兩腿拐在一起而跌跤，到可以毫無障礙的說轉身就轉身，然後能夠像螃蟹一樣橫著走（向左向右側身走）。接著，他們會發展出向上、向下移動的能力，剛開始只是躲在桌下，一抬頭就撞到桌子，必須經過相當時間的嘗試錯誤，透過一再練習才終於學會準確拿捏上、下的空間感，不會再撞到桌子。

觀察幼兒從地上撿拾物品的動作，可以看到他們最初是站著撿，因為自己站不穩，所以撿起來的東西又會掉下去，可是他們如果坐著撿或趴著撿，在穩定的姿勢下就不會讓撿起來的物品又掉下去。

一直等到這些學步的幼兒掌握平衡感，他們就能夠站立彎腰撿拾物品，然後再直起身體。七歲學齡階段前，孩子已經可以靈活操作頭部直立、雙腿蹲下再站起來的動作。至於向後退的能力，發展就晚得多。比較小的孩子後退時會轉頭向後看，就是因為後退的動作本身讓人缺乏安全感。等到孩子大約十歲左右，對後面看不到的空間發展出足夠的安全感，他們才能夠頭也不回的向後退。

● 上端與下端的平衡是我們一輩子學習的功課

孩子學會站起來，而且可以在三度空間朝向前、後、左、右、上、下不同方向移動自如，其實是「地球向下拉扯的重力」與「人體向上自我拉提」的兩股力量交互作用的結果。人的腿部（下肢）比較容易受到

向下拉扯的重力影響，而手部（上肢）則比較容易受到自我向上拉提的力量影響，當一個人的上半端和下半端調和到良好狀態時，就可以達成極佳的平衡感。

幼小的孩子才剛剛克服重力的作用，學會直立起來，經常會做出跳躍的動作。跳躍是一種克服重力讓自己變輕盈的動作，說明了小小孩本能的想要讓自己的身體進入上端的空間。這是因為學會用雙腳站起來以後，腳可以讓他們移動自己的物質身體，所以他們要開始練習上端的能力，也就是手和手臂的能力。位在人體上端的手部，活動起來充滿解放的動態感，而下肢受地心引力影響，動作偏向靜態。在上、下空間之間的平衡，與人體上端與下端的平衡，其實就是「動」與「靜」的平衡。上肢往上延伸，能夠進入靈性世界的空間，下肢則受到地心引力影響，穩紮於地面，上端與下端的平衡是我們一輩子必須學習的功課。

◉ 平衡覺與抽象思考

幼年期的孩子如果可以透過上肢在上端空間自由活動，他就容易在上端的靈性空間裡悠游，將來進入青少年期，學習比較高層次的抽象概念，或者是宇宙的神聖法則，例如數學、物理學、天文學等等的科學，會容易勝任得多。相反的，小時候無法順利發展上端和下端的平衡覺，長大以後對這些學科會感到陌生難解。

華德福學校十一年級有一門天文學課，談到不同星球移動之間的相

對空間關係和距離等等。我兒子認為這些內容十分有趣，對同學整節課都陷在迷陣裡問個不停，卻還是有聽沒有懂，感到相當納悶。我們可以合理推斷，這些聽不懂天文學的孩子，在他們幼年時期物質身體並未充分體驗到平衡覺與動覺的實際經驗，所以現在想破了頭也無法理解物體在空間裡的抽象關係。

所以說，讓孩子在幼年時身體充分發展平衡覺，長大以後可以形成完整的思考能力與意識。反過來說，平衡覺如果無法正常運作，整個人老是頭暈目眩，勢必無法看東西，也不能用腦思考，更別奢談正確下判斷。正確理解與思考判斷等的深層能力，其實是從幼年時候在浮力與重力之間、上肢與下肢之間的平衡發展出來的。

● 別讓錯誤的教育剝奪了孩子頂天立地的應有姿態

人類直立的姿勢十足展現「我就是我」、「我由我當家作主」的姿態。而當我們面臨嚴重挫敗，就是對自我的重大挑戰，身體會不由得彎腰駝背，失去了生而為人應有的姿態，連抬頭挺胸的自信心都沒有，彷彿昭告天下「我是個失去能力的人」。在台灣，常常看到很多青春期的孩子都是弓著腰、駝著背、兩眼無神的模樣，顯現他們在人生中遭遇很大的挫折。而現在連幼兒園中也常看到小小孩駝著背，像個小老頭或小老太婆一樣。生命正要展翅起飛的孩子竟提前折翼，失去信心與活力生氣，這必定是教育哪裡出了問題。

平衡覺讓我們自知獨一無二，又能夠與人共享空間

平衡覺除了把我們提升為直立的萬物之靈，也讓我們知道自己是獨一無二的個體，並且能夠與他人共享空間。

前面談到，平衡覺讓我們在空間裡面找到一個立足點，讓自己和所在的空間取得平衡關係。如果進一步發展，就成為「我有我的立足點，可是你也有你的立足點，我們可以共享一個空間」。青春期的孩子多半不願和人共享空間，誰要進他的房間就會被下逐客令給「請」出去，因為此時的孩子正在尋找自我，他還未找到自己的立足點，所以不願別人進入自己的空間範圍。

一個人自知「獨一無二」的能力，大約從三歲時說出「我」這個字就開始發展起來。也就是從這一刻起，他與空間分離，不再附屬於空間，而成為獨立的個體，形成「我無論躺著、坐著、站著，還是走到任一間房間，我就是我，不會因為處在不同的空間就改變」這種獨一無二的感覺。內在有充分安全感的人，還可以從「我是獨一無二的獨立個體」，進而發展成為「我是獨一無二的獨立個體，並且可以與人共享空間」，這是學會尊重別人的開始。這一能力沒有發展出來的孩子，會想要去佔領別人的空間、搞破壞，無法與人維持平靜和諧的關係。

平衡覺昇華為公正公義的道德能力

我們習慣用手掂一掂,「秤」量出物品的輕重,同樣的,我們的內心也有一把秤斤論兩的秤,用來估量人事物的真假好壞。內心秤斤論兩是在進行內在的價值判斷,完全是自發性的行動,也是平衡覺的特徵。

當內在要進行判斷時,就表示我們正準備提出解決問題的辦法。我們會想要去解決問題的初衷,其實就是要讓狀況重新恢復對稱與平衡。我們所憑藉的原則,正是宇宙的平衡法則,最終是要創造出和諧的秩序。宇宙的和諧秩序不是別的,正是我們內在認同公正、公義的道德能力。面對看似無解的難題,我們內在的平衡覺會加以判斷,然後將事情導入和諧一致的過程。所以當我們遭遇到無法解決的矛盾,或面對不平衡的狀況時,內在的平衡覺會驅使我們努力去恢復平衡,而為了達到這一目的,就必須運用思考和感覺的能力。

本書第四章談到的動覺可以發展出「同理心」,或者也可以說是「同情心」,而平衡覺和動覺兩種感官的作用是互相交織、密不可分的,它們也會一同昇華為公正、公義的能力。

會這麼說是有道理的,因為沒有同理心的公正和公義過於僵硬,無法被人所接受,可是光只有同理心也是不夠的。我們需要的是富有同理心的能力,用以理解道德層次的思考,這也是我們在滋養孩子的平衡覺

和動覺時，必須要有的認知。

當我們協助孩子讓他們的手腳可以自由活動時，就是讓孩子從地球的重力束縛中釋放出來，也就是在為孩子終其一生的心魂平衡建立基礎，幫助他們發展出公正公義的態度、對人類尊嚴的敬重與確信不移。

鼓舞孩子的自信，不論孩子做的事是成功或失敗，都要讚賞孩子在過程中的成就點，以此建立孩子的自信，這對他們的平衡覺有直接的穩定作用。孩子並不像大人那麼計較事情的結果與成敗，他們真正在意的是誠實的努力，所以大人應該在這方面用心支持孩子，至少要能夠行事正大光明。正大光明的相反是隱晦自己的不是，把過錯推給別人的一種不平衡現象。不要在背後隨便批評別人，論人長短。批評別人表示自己的看法偏向某一邊，這就是一種不平衡的思考與情感表現。所以大人行事正大光明，不在背後論人長短，不僅是道德教育，也是在滋養孩子的平衡覺。

和「沒有愛的批評」相反的，則是「帶著愛的明確判斷力」，我們無法期望小小年紀的孩子就具有公正公義的信念，但是只要大人總是表現出帶著愛的明確判斷力，做個公正公義的大人，孩子在日復一日的耳濡目染下，自然就會找到自己的正確判斷力。

幼兒平衡覺發展失調的表現

平衡覺是身體初階感官的最高統籌者，平衡覺發展失調的孩子，從幼兒時期就可以看出端倪。若是發現孩子出現以下現像，大人必須要特別留意。

● 容易疲倦

平衡覺發展失調的孩子肌肉力量通常比較差，所以容易疲累。他們也不太會控制力量，有時用力太重，有時又用力太輕。這樣的孩子往往不喜歡需要出力的活動。

● 機體和空間關係的機能發展貧弱

什麼是「機體和空間關係的機能發展貧弱」呢？比方說，走直線的時候身體一直晃動，頻頻掉出直線外，或是無法正確掌握身體四肢在空間中的活動範圍，所以幼兒園進行晨圈律動等活動的時候，他們的手腳經常不小心打到身邊其他小朋友。這些孩子常常撞到桌椅，走路時又撞到別人，或是低頭的時候身體會往前傾，不能自然的直立站好。有時會看到他們跑步跑到一半想要停下來，身體卻不聽使喚的往前撲倒。就算只是平常走路，他們的肢體動作也無法協調，走起路來身體歪歪扭扭，

步態怪異。

一群小朋友排隊行動的時候，這樣的孩子經常會去推擠周圍其他人；玩滾輪胎的時候，他們沒有辦法閃避障礙物，而直接衝撞前面的物體；玩玩具或一個人演布偶戲的時候，他們也無法將要用的道具擺在正確的相關位置；他們的手工編織作品看不出對稱感，或是編織的時候找不出下一針的進行方向……諸如此類，都是機體和空間關係的機能發展貧弱的表現。

● 出現焦慮、恐懼或沮喪的情緒

有的孩子就連面對大人善意的提醒，也會流露出驚恐的表情，甚至是放聲大哭。

● 身體缺乏挺直的能量

小小孩就開始駝背；等待或排隊時，身體常常靠在牆上或周圍其他支撐物；坐著的時候，手不由得撐在桌上，然後用手托住下巴或是支著臉頰；坐在地板時，就得用手肘撐在大腿上，再用手撐住自己的頭；大人為他們穿著衣褲的時候，他們也得靠著牆。總之，他們的軀體就是無法自然挺直、好好的站著。

前庭發展緩慢，渴求過度的前庭刺激

前庭系統是維持人體平衡感的重要系統，我們的外周前庭系統是由前庭器官和前庭神經共同組成。前庭器官位在內耳當中，分為半規管和前庭兩部分。半規管與前庭都是接受器，用來接受三度空間的訊息，也是方向感的器官。內耳裡的耳石則是線性加速度和重力的感受器，所以前庭感受器能感知人體在空間裡的位置和位置的變化。

平衡覺發展和前庭系統的作用密不可分。前庭發展遲緩的孩子會自然而然尋求前庭的強烈刺激，比如喜歡大量的旋轉，就算不停的快速旋轉也不會頭暈，或者是渴望快速與強烈的活動刺激，所以他們的活動量很大，整天跑來跑去、爬高爬低停不下來，鞦韆盪得越高他們越開心，又喜歡從小山坡上俯衝而下，或是從高處跳下來。這樣的孩子情緒起伏很大，也很難控制自己的情緒維持平靜，他們一興奮就停不下來，忍不住大吼大叫。

前庭系統過度敏感

還有一種前庭系統過度敏感的狀態，正好和前庭發展遲緩的孩子相反。前庭系統過度敏感又被稱為「前庭調節障礙」，這樣的孩子對外來刺激會有錯誤的知覺判斷，而選擇性的對某個方向過度敏感或不敏感，例如，很容易暈車，就連搭電梯也會感到眩暈，只是看著旋轉的物體就會頭暈想吐，轉個小圈圈或是做彈跳運動都會感到頭昏不舒服。他們比

較怕高，就連下樓梯都害怕，也不敢盪鞦韆，無法從高處往下跳，精神呈現比較焦慮的狀態。他們通常不喜歡運動，跑步、跳舞、騎腳踏車、溜滑梯、攀爬鐵架、坐旋轉木馬他們都不愛，這樣的孩子動作也都比較緩慢。

造成孩子平衡覺發展失調的原因

常見造成孩子平衡覺發展失調的原因有以下幾點。

● 過度保護

現在的家庭生養孩子少，我們幼兒園的園兒百分之八十都是獨生子女，難免會被父母捧在手掌心呵護，一不小心就成為溫室裡的花朵，受到過度保護。

記得有一次，一位憂心的家長提醒我說：「你們校門口的水泥不平整，小孩經常在那裡來來去去，一不注意會跌倒耶！」

校門口的水泥不過是沒有完全水平，但是外面的人行道或馬路到處是高低不平的坑洞，孩子如果不能在稍微的不平坦上面學會保持自己的平衡，又要怎麼步出家門和學校的保護呢？我們應該讓孩子學會在不平坦的地面上找到自己的平衡點，懂得保護自己安全不受傷，而不是為孩子把所有的路都鋪平，因為父母再怎麼神通廣大，也不可能為孩子把一輩子的路都鋪好。

一名國中三年級的男孩來找我看病，無意間透露他很想要長高，我告訴他長高的第一條件就是得運動。「那怎麼可能！」男孩立刻大呼說，

「學校功課這麼多，我哪有時間運動。」語氣中滿是無奈。

「傍晚下課以後，在社區騎腳踏車轉幾圈也行呀！」我不死心，努力幫他出主意。「不可能啦！我連自己走到我們家樓下轉角的 7-11，我媽都不准，說這樣太危險了，怎麼可能放我到外面騎腳踏車。」

這無疑又是一個過度保護孩子的家庭。

● 缺少刺激

平衡覺是在動的過程中發展出來的，然而大人總是要求孩子乖乖坐好不要亂動。偏偏不愛動的孩子缺乏足夠的刺激，因此難以發展出良好的平衡覺。

● 過早的體操訓練或芭蕾舞訓練

幼兒必須在自然的環境裡自由玩耍與探索，而不是接受專業動作的訓練，因為再好的專業訓練都不是自然探索。

● 父母對教育的野心

現在的家長因為自己內在的焦慮作祟，生怕孩子輸在起跑點，所以從幼兒園開始就讓孩子乖乖坐在教室裡，從事寫字、算數、讀寫等智力學習。其實七歲以前的孩子應該要多多活動肢體，和自己的身體親近，

以便了解和熟悉自己的身體。過多的智力學習強迫把身體的能量提取到大腦使用，容易養成大腦袋瓜配上瘦弱四肢的小學究體型。肢體羸弱的孩子不喜歡動，不愛動的孩子就失去很多發展平衡覺的機會。

● 日常生活中的匆忙和壓力

大人白天經常要趕著工作上班，回到家又要趕著煮飯、洗澡、睡覺，因為生活太忙碌，只好不停催促孩子「快、快、快」。不斷催促孩子，帶給他們太大的壓力，孩子最後會變得不想動。七歲前的孩子是不該被催促的，大人應該讓他們用自己的速度和步調來探索自己的身體，進而找到安全感。

孩子不想吃飯的時候，大人常會故意邀他們說：「來比賽誰吃得快！」遇到慢郎中型的孩子，大人也常會祭出「比快」的手段，讓孩子感受到時間的壓力，計誘他們加快行動。幼兒園裡有個孩子，連可以勝任的生活小事都不願自己動手，換件衣服也要求老師代勞。老師提醒他可以自己做，他就翻臉大哭。原來，這孩子常常暗中和別人比快，就連大家一起換掉髒衣服的時候也不例外，可是他得失心太重，害怕自己會輸，所以當大家集體行動的時候，他索性什麼都不做，這樣就沒有輸贏可言。這麼小的孩子為何如此愛比較呢？追究始作俑者，全都是因為家裡的大人老愛找他「比快」，結果還真是應了一句老話──欲速則不達。

● 過多的旅行

　　基於「望子成龍，望女成鳳」的殷切期盼，現代父母總是處心積慮的想要讓孩子提前學習，一到假日就帶著孩子出門，說是要讓他們體驗生活，多多了解世界。這一出門就是一兩個小時的車程，或是搭飛機到國外旅行。十二歲前的孩子其實並不適合搭飛機，因為他們的平衡覺還未發展到可以搭飛機的程度。搭飛機對這麼小的孩子來說，身體被迫承受很大的壓力。

　　還有的家庭因為工作需要，夫妻分隔兩地，每到周末才能夠帶著孩子前去探望爸爸或媽媽，一家團圓共享天倫。孩子在無意間也成了周末通勤族，經常要舟車勞頓。孩子比大人更需要自由活動，搭乘長途車對孩子來說約束感太大，讓他們很不舒服，所以很多幼兒會在交通工具裡面又哭又鬧。如果要開車載孩子出門去玩，車程盡量控制在半小時以內會比較恰當。

平衡覺與自尊

　　生命覺發展失調的孩子會表現出過動與神經質，觸覺發展失調的孩子會變得焦慮膽怯，自我運動覺發展失調的孩子會憂鬱憂思，這三大類孩子的共同點就是都有著「自尊受損」的問題，只不過是表現各有不同罷了。

　　什麼是「自尊」呢？自尊就是一個人被提升到光明的層次，並且散發出光彩的感覺。這種感覺與使用手臂活動的經驗是相同的。孩子如果方向感比較差，或是物質體領域的感官（就是觸覺、生命覺、自我運動覺、平衡覺四種初階感官）比較脆弱，就會對自我掌控缺乏信心，容易坐立不安，有些因此變得膽怯，有些變得理解困難，他們共同的心理感受是「我是失敗的」。自尊受損其實是內在平衡覺發展失調的現象，這樣的人會表現出以下三種主要特徵。

1. 覺得自己不被讚賞，以為別人永遠比自己厲害。
2. 戴上假面具掩蓋真實，無法呈現內在真正的自我。
3. 拒絕並且誤解別人，常會曲解別人說的話做的事。

　　會表現這些特質都是內在不平衡的結果，讓他們一輩子很難抬頭挺胸做人，所以大人更應該盡最大的努力來幫助他們，利用任何機會讓他

們感受到大人的寬容和讚美，真心對他們感到興趣，並且參與其中，好讓孩子知道我們完全了解他們，而且同理他們。

● 如何協助自尊受損的孩子找回自信心

為了協助這些孩子卸除「自己是失敗者」的心理負擔，讓他們認識自我價值，建立自信心，第一步就是促使他們找回雙手的「成形力量」，也就是讓他們學會如何靈活的運用雙手。例如，平常多多讓孩子玩攀爬、滾輪胎等遊戲，或是用磚塊和紙盒搭蓋小屋、城堡，或是靜態的手工編織活動等等。磚塊與紙盒一重一輕，透過親手接觸，孩子能夠經驗不同重量在手中的感覺。常常讓孩子搬重物，也能夠藉此體驗重力的作用。

協助孩子一起進行這些活動的時候，即使只有小小的成果也要給予孩子溫暖的讚賞。比如說，孩子交出沒有完成，甚至是失敗的作品，老師不要強調他們不足的部分，最後也一定要用讚賞他們的優點做結尾。

然而現實的世界卻往往正好相反。當孩子表現出笨拙、不雅觀、膽怯、搞不清楚狀況等等的糗態時，師長會用道德語氣無情的批評他們懶惰不認真、故意搞破壞、做出病態行為。而真相是：從來沒有一個孩子是故意要懶惰不認真的，每個孩子都是打從心底想要做好，希望被人讚賞，是大人在孩子需要協助的時候，反而「落井下石」，才把他們變成懶惰蟲和造反者。

　　舉例來說，典型憂鬱和憂思的孩子，在他們還很困惑，搞不清楚自己該怎麼做的時候，就被指責是懶惰、粗野、沒有教養、漫不經心，而其他孩子在大人口中永遠是傑出而優秀的。在退無可退、忍無可忍之下，這些孩子為了保護自己而開始拒絕合作。有很多罪犯、反社會行為或是激進狂熱份子，就是因為曾經遭受童年創傷而走偏鋒，這些創傷來自於父母或師長的缺乏耐心，對孩子沒有愛。從這個角度來看，錯誤的教育才是社會的大罪人，每一個沒有辦法達到平均標準的孩子都是一個悲慘的故事。大人應該要學習辨認每一個孩子都有他們自己的進展和專屬的衡量標準，如此一來我們才可以避免許多災難性的結局。

　　十二感官裡的四個初階感官（觸覺、生命覺、自我運動覺、平衡覺），是一個人應該在幼兒園階段開展出來的基本身體能力，雖然只是學前階段，卻已經關係著一輩子的各項能力和美德發展。有大人以為，幼兒園不過就是吃喝玩樂而已，念哪一所學校都一樣，小學正式進入學齡期，再來讀華德福學校就好。其實這麼一來，孩子已經錯過基礎感官發展的黃金時期。國小以後再進入華德福學校，與從幼兒園開始就在真正落實華德福教育的幼兒園充分開展感官的孩子，其實已經出現一定程度的內在能力差異。而錯過這一發展階段的孩子，帶著問題進入華德福學校，師長們就必須用加倍的時間與心力來協助他們。

　　這時候想要「急起直追」當然不是沒有方法，可是會比較辛苦，而且不是每一種能力都可以追回來的，有心的家長不妨參考《病是教養出來的》每一集所提出的教養重點，該做的確實去做，協助孩子步上應有

的軌道。

初階感官所主宰的感覺與能力

‧觸覺

物質體的感覺:「我擁有我的身體」

心魂的感覺:安全感(反之,容易感到恐懼害怕)

靈性能力:無私無我的能力

‧生命覺

物質體的感覺:「我在我的身體裡面」

心魂的感覺:滿足感與和諧(反之,常感到羞愧或懷疑他人)

靈性能力:每一個人都和我一樣重要

‧自我運動覺

物質體的感覺:「我的身體沒有阻礙」

心魂的感覺:內心的自由(反之,內心充滿無力感,事情未做就先放棄)

靈性能力:同理心

‧平衡覺

物質體的感覺:「我就是我」

心魂的感覺:我是獨一無二的,但是可以和他人共享空間(反之,自我毀
滅、破壞他人)

靈性能力:公正與公義

如何在每天的生活進行過程中開展孩子的感官能力

本書分別談了生命覺、觸覺、自我運動覺、平衡覺這四種初階感官，雖然將它們分開章節來說明，不過四者其實是緊密交織、和諧運作的感官能力。其中，觸覺與生命覺、自我運動覺與平衡覺的關係尤其緊密。它們彼此的密切合作造就了身體的順暢活動與心靈的喜樂平靜。

我就以豐樂幼兒園每天如何落實華德福教育對幼兒初階感官的主張為例，做統整說明。

● 「晨間感官之旅」改善幼兒的慣性遲到

大約在四年前，我開始擔任豐樂幼兒園的駐校醫師，協助老師們觀察一部分發展比較困難的園兒，進而和大家共同討論出有效協助園兒發展的方法。

幼兒園的活動大約從早上九點開始。這時候大部分園兒已經準備好展開一天的活動，可是總會有部分的孩子每天姍姍來遲，甚至十點半才進幼兒園，當然就錯過了早上非常重要的自由遊戲以及晨圈律動時間。遲到的孩子多半是跟著阿公阿嬤住，或是由在家專職育兒的媽媽帶，這

些大人並沒有為孩子建立生活的規律性，雖然幼兒園老師一再提醒，可是習慣性遲到的園兒依然故我。

我也觀察到住在都市裡的孩子活動空間狹小，每天接受的環境噪音、車子接送、對電子產品接觸頻繁等不良刺激太多。所以我和老師們討論以後，決定每天進行「晨間感官之旅」，或稱為「晨間健走」。將全校的孩子分為大、中、小三個班，再編成六個大隊，每天早上八點半由老師帶隊，「開拔」到幼兒園對面的豐樂公園展開晨間之旅。

自從開辦晨間健走以後，不可思議的妙事發生了。遲到的園兒變得寥寥可數，因為孩子都很喜歡到戶外活動踏青，所以本來出門拖拖拉拉的人現在一反常態，一早就催促大人快一點快一點，他要去公園走路了，太晚去會趕不上大家。

我們帶著孩子從幼兒園往返公園長達一小時的旅程，會經歷哪些十二感官的洗禮呢？

首先，孩子要先排成隊伍，才可以帶出幼兒園。排隊的時候，孩子感受到人與人之間的空間感（發展觸覺、動覺、平衡覺）。進入公園以後，他們會走在大小石頭不平的路面上（發展觸覺、動覺、平衡覺）。公園裡，孩子們自由的在草坪或斜坡上隨性奔跑、開心翻滾（發展生命覺、觸覺、動覺、平衡覺），或者是爬樹、走高高低低的牆（發展動覺、平衡覺）。

公園裡面遍植花木，隨著四季輪轉變化不同的風情，讓孩子感受春

夏秋冬的植物變化（養成生命覺裡的節奏感）。熱鬧的蟲鳴鳥叫為公園點綴生動的活力，或濃郁或清新的花香草，又豐富了聽覺和嗅覺感官的體驗。走在晴天的公園可以感受陽光普照，冬天的公園北風吹來冷颼颼（發展生命覺和溫度覺）。在公園走久了會口渴想喝水（發展生命覺），走了一個小時以後會感到疲倦需要休息（發展生命覺）。見到公園裡運動的阿公阿嬤，開心的和他們打招呼（發展人我覺），而且在大自然的環境下，孩子之間的磨擦爭吵大為減少，他們開心的聊天，氣氛格外和諧美好（開展聽覺、語言覺、思想覺、人我覺）。

● 細數豐樂幼兒園每天各項活動安排如何開展初階感官

完成一個小時的晨間感官之旅以後，孩子們整隊回到學校，進教室自行換掉汗濕的衣服。這個脫換衣服的簡單自理動作，已經牽涉到生命覺、觸覺、動覺、平衡覺。接著，他們會洗手，然後稍微休息，這個過程讓孩子體會到「感覺疲累就必須休息，休息以後又能夠恢復活力」，這是生命覺的重要經驗。

在這以後，幼兒園正式展開一整天的活動流程。流程的設計規劃原則，是要讓孩子們「在正確的時間做正確的事」（發展生命覺）。第一項活動就是帶著孩子做晨圈律動。晨圈律動裡面包含各種元素，大致數一數就有舞蹈、聲音、遊戲，涉及到生命覺、觸覺、動覺、平衡覺、聽覺、語言覺、人我覺，還有大量對自己身體的探索。晨圈律動結束以後，

老師會與每個孩子一一溫柔擁抱，給他們溫暖的觸覺。

接下來是孩子們的點心時間，大家吃水果並且稍做休息。這時候，老師會請小朋友幫忙擺盤子、叉子，然後請比較大的孩子一起切水果、分水果。讓孩子學習參與日常事務，特別是大孩子幫忙準備食物，可以開展生命覺、動覺、平衡覺。

吃完水果以後，就是藝術活動或者由老師演布偶戲的說故事時間。

聽大人說故事，好像是很稀鬆平常的活動，卻能夠同時開發孩子的生命覺、平衡覺、聽覺、思想覺，千萬不可等閒視之。有時候，學校也會在這個時間安排烘焙課，讓孩子做饅頭等簡單的小點心，或是幫忙老師做生日蛋糕，為當天的小壽星慶生，這又牽涉到觸覺、生命覺、動覺、平衡覺。或者，學校也會安排捏塑時間，小一點的孩子捏蜂蜜蠟，大一點的孩子捏泥塑，開展他們的觸覺、生命覺、溫度覺、思想覺。而繪畫則與十二感官的開展有密不可分的關係。

早上的活動進行到這裡，差不多告一段落，大家開始享用有機天然而質樸的營養午餐。津津有味的用餐後，孩子們必須自己鋪床睡午覺。鋪床這個簡單的動作也包含了動覺、平衡覺的運用。午睡時，老師會使用有機的薰衣草精油或是有機的洋甘菊精油幫一部分難以入睡的孩子做身體的律動按摩，協助他們入睡（輔助觸覺、生命覺）。

午睡醒來，老師帶著孩子在校園進行自然散步，開展孩子的生命覺、動覺、平衡覺、視覺、嗅覺、平衡覺。回到教室以後，孩子們開始

從事一些比較需要體力的活動，藉以鍛鍊意志力，這些活動有手工、木工、清潔工作等。以手工活動的編織為例，編織作業牽涉到順序感、方向感、對稱感（生命覺、觸覺、動覺、平衡覺），觸摸不同線材又能夠開展生命覺、觸覺、動覺、平衡覺。木工活動讓孩子把粗糙的木頭磨成光滑的積木，其中同樣包含了生命覺、觸覺、動覺、平衡覺的開發。孩子幫忙清潔教室、擦桌椅，或是清洗他們遊戲用的布巾、把洗好的布巾晾起來，還是把布製或木製的玩具寶貝拿到戶外曬太陽等等，這些活動都是在開展生命覺、觸覺、動覺、平衡覺、溫度覺。

如果下午天氣好，老師會再次帶著孩子到戶外進行自由遊戲。我們鼓勵孩子都能自由玩耍，例如攀爬。他們可以爬樹、爬竿、爬高牆，學會克服重力，發展動覺與平衡覺。孩子們也會玩滾輪胎，小小的遊戲兼具速度感和方向感的練習，有利於開展動覺與平衡覺。除此之外，單腳跳、跳繩等等的跳躍活動，也都可以幫助孩子克服重力，發展平衡感，開展動覺與平衡覺。老師也會在實際活動中支持孩子動作技巧的發展。比如說，鼓勵和協助不會滾輪胎、爬樹或跳繩的孩子嘗試去做。

倘若天氣不好，孩子會留在室內自由遊戲。學校有天然材質的玩具寶貝，讓孩子們學習如何在獨處以及與他人相處之間調整轉換，所以60～90分鐘的室內自由遊戲時間裡，孩子開展了觸覺、生命覺、動覺、平衡覺、溫度覺、聽覺、語言覺、思想覺、人我覺。

一天當中的各個活動之間，我們以唱歌的方式「串場」，提示孩子們接下來的活動內容，而不是大聲下口令或催促孩子，用意在於給孩子

探索和自行發現的時間及空間。學校也精心安排了每個季節最重要的節慶活動，協助孩子發展生命覺、嗅覺、味覺、視覺、人我覺。老師平常在與孩子相處的過程中允許他們犯錯，不會動輒責備孩子，而且始終用溫柔的話語和孩子交談，這充分關係到孩子生命覺、觸覺、動覺、平衡覺的開展。

● 為何對孩子的教育付出會事倍功半？

誠如各位讀者所見，我們的孩子在豐樂華德福幼兒園每天落實各項活動的過程中，可以開展四個最重要的初階感官。不過部分家長仍不免疑惑：我的孩子已經在華德福幼兒園接受感官的發展引導，但是上了小學以後，仍然發現部分感官沒有開展好，例如，寫字的時候身體偏向一邊、上課靜不下來等等平衡覺失調症狀。

之所以如此，最常見的原因在於，學校儘管很努力落實華德福教育，可是孩子回到家以後，生活非常沒有規律，電視照看，手機照玩，家長還是帶著他們逛吵雜的百貨公司和賣場，接受強烈的聲光刺激，大人有時候工作忙，控制不住情緒就兇孩子，對孩子大吼大叫，甚至出手打孩子，任由孩子睡眠時間不正常，為孩子講故事又講得太恐怖刺激……種種與華德福教育背道而馳的作為不一而足，無法配合學校落實保護孩子感官發展的機制。

學校很清楚十二感官開展的重要，也努力貫徹教育方針，可是家長

參與學習的時間實在太少，所以無法體認其重要性，雙方不能同步的結果，也只能事倍功半。不過，有部分積極參與華德福教育的家長，充分瞭解學校課程與活動安排的深度意義，所以在家中也用心配合學校的要求，我們可以看到這樣的孩子能力進步飛快，展現完全不一樣的成果。

因為深知每個孩子的生命品質奠基於幼兒初階感官的開展，所以我寫了這本書，希望有緣翻開本書的父母師長，都能竭盡心力為我們的孩子開展他們本來就應該具備的能力，讓摯愛的孩子在成長過程中不僅養成足夠的生存能力，而且是性情良善、內心平靜而有道德感的人。

附錄 1

專業的兒童觀察報告

珮詒媽媽

這是我在參加一場婚禮時聽到的真實故事，傑出優秀的新郎娓娓道來，緬懷在世時辛勤教養他的奶奶，這個故事讓我很受用：

小男孩放學後跟奶奶一起外出買東西吃，奶奶掏出十元硬幣向一個攤販買了點心。接過點心時，奶奶很客氣的跟小販連聲說「謝謝」。小男孩一邊吃點心，一邊理直氣壯的問奶奶：「我們給錢買東西，為什麼要說謝謝呢？」老奶奶微慍的拿走了小男孩的點心，再掏出一枚十元硬幣給小男孩說：「這十元你吃吃看，是不是可以吃呢？」當下小男孩了解到，每一個人都有不同的專業，即使是賣點心的小攤販也是一種專業。每天環繞我們的食衣住行育樂、柴米油鹽醬醋茶，打理這些大大小小的事情都有其專業性，也都應該受到尊重。

在我的職業生涯和工作領域裡，我一直不斷的努力深入，希望自己可以成為這個領域的專業人士，並且在工作中得到肯定與尊重。我想，各行各業的人應該都是這樣每天努力著、改進著，希望能把自己的工作越做越好。

在一次豐樂幼兒園的週末家長成長課程中，談的主題是「兒童觀察」。我的小孩是其中一位老師報告的未具名範例，老師琅琅道出孩子的氣質是水相，並說明其特質和問題點、初階感官的發展狀況、意志情感思考的表現。當我聽出報告的內容是我家女兒的時候，驚訝之餘，不由得發自內心露出感謝的微笑。老師竟然能觀察得這麼細膩入微，我對女兒所瞭解的老師都提出來了，還「加碼」報告了許多我沒有注意到的部分。再加上許醫師的精闢解說和建議協助孩子的方法，我開心極了，真好，竟有人用這麼巧妙的方法為我解決心中的疑惑，我太喜歡了。

但令我更驚訝的是，課程結束後，我正想要對老師感謝這份特別的報告，還沒來得及站起來，老師已經先來找我，並懷著歉意說，「未先跟您報備就用您女兒的觀察報告做範例，是想看您是否聽得出來這是您女兒。」這讓我真的很訝異，Why？原來，老師們竟如此擔心學生家長會不能理解和體諒！如此專業的兒童觀察報告，我想應該沒有幾家幼兒園做得出來，而老師態度又這麼謙虛，真慶幸我女兒能在豐樂幼兒園上學。

我還記得那天在課堂上，其他學員針對我女兒的狀況提出的問題和討論，每一位學員都是認真嚴肅的思考問題是什麼？如何解決？我沒有看到或感受到任何不理性、八卦嬉笑、情緒化的焦慮問答。我認為是因為學員（包括老師和父母）已經接受一到二年的課程訓練，並且對孩子的發展有了正確瞭解，所以能客觀理性的面對兒童觀察報告，這或許是一份觀察入微但不全是好消息的報告。家長也能夠瞭解到，老師這

麼耗費心力做出兒童觀察報告，是希望父母更瞭解自己的孩子，並且與家長合作協助孩子，讓孩子發展更健全，這是真正愛孩子的老師才會這麼做，而不是只報告好消息卻隱藏問題。

所以我建議為人父母要多參加這樣的課程，雖然我們並非從事幼教工作，但是這些課程對自己的孩子有絕對的幫助。否則，老師給我們這麼精闢入微的兒童觀察報告，我們可能會聽不懂，甚至可能會有多餘的擔憂、恐懼或誤解，而造成多方的困擾。

我以面對專業人士的態度來面對我女兒的兒童觀察報告，與老師共同找出造成我女兒問題的原因，配合老師一起幫孩子拿掉障礙，讓孩子可以自由往前走，成為她自己。It's pretty good , I think.

意志力的展現

筑崴媽媽

　　這是一篇拖了很久很久，但其實一直想要寫下的文章。送我們家阿筑去幼兒園已經快兩年了，她從一個內縮、害怕、沒有自信的孩子變成開心、開朗且意志力堅定的孩子。看著這樣的筑，為娘的我心中有滿滿的喜悅、感動，更有著滿滿的感恩。

　　話說我算是一個懶惰的媽媽，所以開始當娘以後才準備學習如何當娘。最早我老是把阿筑當大人在教，我覺得她應該聽得懂我說的話，並且可以做到，在她三歲半以前我甚至動手打過她，現在想起，總有著很深很深的歉意，對她！

　　進豐樂幼兒園之前，我總以為我們家阿筑做任何事都很堅強很ＯＫ，進了幼兒園後我才發現，這樣的堅強是因為我跟在她身邊，一旦我不在身邊，她偽裝的堅強就消失了。以前，我們都擔心自己的孩子變成沒有禮貌、沒有教養、會吵吵鬧鬧的小孩，所以給了很多不合理的約束而不自知，進入幼兒園四個月後，和執行長一次深切的約談才恍然大悟。甚至到現在，家裡的大人在教養方法和態度上有時仍會脫軌，但是總會在帶班老師相信孩子且正面看待孩子行為、正面處理事情的態度

中，讓我豁然開朗，並懂得換個角度跟方法來看待孩子現階段的行為表現，而且即時修正自己的態度，以免造成錯誤教養而留下不良的後果。

隨著大人的改變，漸漸的也可以發現小孩的改變。阿筑變得敢於表達意見，不擔心被罵；變得可以在外面也表現活潑，偶爾調皮一下。

透過正常且有規律的作息、正確的飲食，除了讓她的身體變強壯，意志力的養成也一點一滴地在萌芽。印象最深刻的是，以前她超愛超愛吃西瓜，後來從中醫師那兒知道西瓜是寒性食物，對消化系統弱的孩子不好，她開始學習克制自己想吃西瓜的欲望，本來看著爸爸吃西瓜她還會流口水，慢慢轉變成看著爸爸吃西瓜可以不為所動。尤其在她生病感冒時，可以吃什麼？不能吃什麼？她比爸爸更清楚，當爸爸拿給她不該吃的食物時，她會說：「這我不能吃，因為我在咳嗽。」因為希望自己的感冒趕緊好起來，而能克制自己對食物的欲望，這樣的意志是我跟她爸爸都遠遠不及的。

前陣子，阿筑跟著爸爸和他的同事一起出遊，目的地是苗栗的馬拉邦山，要去之前並不知道爬這座山比想像中要困難些，距離要長一些，從早上九點到下午兩點共五小時，途中爬過上千層階梯，也爬過不平緩的山路，期間還有高中生的大姐姐因跌倒發脾氣。而六歲的阿筑，吃完我幫她準備的飯糰，全程自己走完（五小時耶！）。第二天，爸爸學校的同事頻頻跟他誇獎阿筑的意志力堅強。後來我問阿筑：「妳怎麼可以走完這麼遠的路？」她說：「因為我每天都有走很多路，所以我很會走

啊！」（豐樂幼兒園的孩子每天在公園晨間健走一小時）。無疑，這又是一次堅強意志力的展現，也從此建立起她對爬山的興趣，因為她相信自己一定可以做得到。而我相信，這次經驗給了她面對困難時的勇氣，也增添了她的自信，對一個不是很有自信的孩子來說，這是多麼大的轉變與鼓舞啊！但這樣的轉變不是靠運氣得來的，而是豐樂幼兒園的老師們，因為知道孩子在做了長期的準備之後，遇到適當的時機就會轉化，所以每天早晨不辭辛勞帶著孩子們健走一小時，風雨無阻，就是要發展幼兒階段最重要的能力——意志力。

我常會想到，現代人解決事情的態度就是頭痛醫頭、腳痛醫腳，數學不好就拼命補習，但還是往往效果不彰。一個唱歌唱不好的人，除了不斷練習唱歌技巧之外，是不是還有其他的方式可以協助他呢？也許爬個山，練個肺活量，心情開朗了，肌肉有力了，唱歌的能力自然就會進步了。而我們正在做的，就是爬個山、練個肺活量，心情開朗又肌肉有力的廣泛學習，而不是要孩子一次又一次拼命的練唱而已。

我的孩子在每天努力玩、努力吃、努力睡的過程中，不但有了健康的身體，也建立了自信和堅定的意志力。這樣按部就班長大並持續發展能力的孩子，我相信將來無論她需要做什麼學習、遇到多麼大的困難，都可以堅強面對，這才是真正的競爭力。即使她現在連自己的名字都還不會寫，也還沒正式開始學寫字，但我相信，現在所有的努力都是在為她的未來打下最堅固的基礎。

我喜歡看著她每天都想去上學那種開心的樣子，我喜歡看著她每晚開心的表演老師演過的或自編的布偶戲的樣子，我喜歡她每天都期待去公園健走的樣子。一個喜歡上學的孩子將來就會保持學習的熱忱，又怎需擔心她在學習方面會跟不上別人呢？

我的女兒在豐樂幼兒園

爸爸 學智

因為在外地工作的緣故，身為父親的我，每次有機會親自到幼兒園接女兒放學時，聽到來自愛女的呼喚「爸爸」，心中總是充滿無限感恩和無比的喜樂。看著女兒穿上鞋子，牽著我的手，漫步在幼兒園的走廊上，帶著我去看可愛的小兔子或是百花盛開的花園，細細的敘述她在幼兒園的點點滴滴，父女倆開心的相視而笑，親子關係更加美好。

當初為了孩子進入學齡階段做準備，考量孩子學齡前應該健康的成長發育，所以選擇了豐樂幼兒園。看到女兒對每天上學一事樂在其中，真是卸下了心中重擔。這時候是父母該做好陪伴孩子學習成長的角色，初期透過聯絡簿及老師的家庭訪問，讓父母了解孩子在幼兒園的學習情形，也讓老師知道孩子在家庭中的生活狀況。要更進一步了解學校教育理念時，父母必須參加一系列成長課程，以便親師配合教養孩子。因為認同，所以我把孩子送到這裡來，接下來就是與孩子一同學習成長，完成夢想。

身為父母的我們因為接受體制內教育長大，希望在能力許可下為女兒選擇一條全新方向的學習道路，而且是一個重視孩子身、心、靈均衡

發展的教育理念，讓孩子在每一個階段開展出應有的能力。

　　我的女兒就讀豐樂幼兒園已邁入第三年，在這裡快樂成長是必然的，而有些家庭教育疏忽的部分，也透過老師的提醒和協助獲得改善。例如，女兒以前用餐時，因為專注力不足吃飯非常慢，之後是經由老師提供了一些方法並加以執行，讓她終於可以專心吃飯了。此外，有一段時間我因為忙於工作，長達半年疏於陪伴女兒，使得女兒性情丕變，最終也是透過老師提醒，說明孩子的狀況，我才及時改正工作時程來陪伴女兒，重拾孩子往日歡笑。

　　因為愛女兒所以選擇豐樂幼兒園，更因為深信華德福教育能帶給孩子全方位的發展。在即將完成幼兒園階段，邁向下一個學習旅程時，我們順利通過華德福大地中小學的面談，讓女兒得以繼續在華德福教育中成長，謝謝豐樂幼兒園的老師們！妳們是一群優秀的華德福教育實踐者。

　　謝謝許醫師！因為您對華德福教育理念的堅持和落實，使得我們可以成為華德福教育的受益者。

如何照顧 0 ～ 3 歲嬰幼兒工作坊簡介

獻給所有父母最好的禮物

　　孩子出生的前三年並不只是未來的準備階段，而是一個意義非常特別的人生階段。成人應該瞭解照顧三歲以下的嬰幼兒與教養三歲以上的孩子是截然不同的，因為三歲以下的嬰幼兒比成人有智慧，並有著自我啟發學習的能力，他們知道某個動作要練習多久才能嘗試下一個動作，也知道自己是否已準備好要做下一件事情。例如研究發現，家族中若有脊椎遺傳疾病，其嬰幼兒就會花比較長的時間爬行和水平移動，來強化自己的背脊，以避免長大後發作家族遺傳的脊椎疾病。

　　而人類的高階感官聽覺、語言覺、思想覺、自我覺，也在孩子出生的前二年學習直立行走、牙牙學語和對世界形成初步概念的過程中，打下最重要的基礎。所以不論你期望孩子長大以後成為有能力的專業人士如數學家、醫生、藝術家等等，或只是希望孩子長大後能健康快樂做自己，都必須在他們的嬰幼兒時期提供良好的感官經驗，因為孩子從自己身體得到的感官經驗，是學會信任自己和世界的最強大來源。

　　由此可知，照顧零到三歲的嬰幼兒，最重要的並非教學，因為不適當的教學反而會阻礙嬰幼兒自我啟發的學習能力。成人的責任應該是提

供一個適合嬰幼兒生長的環境，在此建立良好的親子關係，這種關係將來也會成為孩子所有人際關係的模式。而溫暖的親子關係，是嬰幼兒主動參與學習的基礎，它能夠讓孩子在過程中感受到自己是很有能力的。大人還要為孩子建立生活節奏，讓他們感到滿足並遠離混亂，同時提供他們足夠的時間和空間，讓嬰幼兒從遊戲中教育自己的感官，建立自信及專注力。

孩子出生前三年的生活，看似只有吃、喝、玩、睡和等待長大，但是身為父母若能深入瞭解其中的細節和智慧，就等於為孩子在未來的生命歷程中排除許多不必要的障礙。所以照顧零到三歲的嬰幼兒不是一件簡單無聊的事情，而是在進行一項改變社會的偉大工作。

本課程由許姿妙醫師等專業教師團隊，帶領大家認識零到三歲嬰幼兒的發展，學習與嬰幼兒互動的正確方法及親子遊戲、製作嬰幼兒玩具、嬰幼兒居家護理及簡易律動按摩、嬰幼兒音樂等等。

歡迎準媽媽、新手爸媽、褓姆、幼教師、教師，及所有對本課程有興趣的朋友參加。

欲瞭解詳細課程內容，請洽詢豐樂幼兒園行政老師

電話：04-23800899

E-MAIL：fromlove.kids@gmail.com

病是教養出來的 第一集
|孩子的四種氣質|

許姿妙 醫師 著
定價：189元

（人智出版社出版）

一位中醫師從教育與疾病的因果，看華德福教學

你聽過主張慢學的華德福教育嗎？
你知道華德福是全球成長最快速的獨立教育體系嗎？
關於教育，你已經聽過各家各派的高論，
而這一種，或許才是父母想要的解答！

每一個疾病都代表一種需要，每一個孩子的問題行為背後，
都有其健康上的意義。

- 教育世家的四個孩子，各自在專業領域擁有一席之地，卻都帶有困擾一輩子的「不治之症」，他們的病是怎麼來的？
- 六歲的孩子既不吃糖，也不喝飲料，飲食作息十分正常，為何牙齒已經換到九歲孩子的程度，生理提前三年發育？
- 大學法律系畢業的高材生，為什麼在留學美國讀雙碩士之前，還要先考好公職「備用」，忙到無暇照顧自己的三餐飲食？

病是教養出來的 第二集
|愛與礙|

許姿妙 醫師 著

定價：189元

（人智出版社出版）

一個人小時候的成長環境和所受的教養模式，決定他未來生什麼病！

看病如算命，看孩子生什麼病，就知道他受到什麼樣的教養！！
每一個疾病都代表一種需要，每一個孩子的問題行為背後，都有其健康上的意義。

父母都希望孩子是有能力的人，有了能力就可以經營幸福美好的生活。
然而「能力」兩個字包羅萬象，究竟哪些能力才是真正可以讓孩子受用一生的寶？
哪些能力的追求卻是徒勞無益，甚至扼殺了孩子的未來？

· 什麼樣的教養會教出意志力癱瘓的小孩？
· 孩子異位性皮膚炎抓不停，原來是父親管教不當，侵犯了孩子自我保護的界線。
· 不讓孩子生病，導致小孩生命覺遲頓，不知自我保護，變得更加體弱多病。
· 被診斷為疑似自閉症的孩子，四處求診服藥並接受職能治療都無法改善，禍首竟然和家中永遠不停的電視機、收音機有關。

華德福教育致力培養孩子具備三大能力，分別是意志能力、情感能力、思考能力。
一個人具備這三種內在能力，就等於拿到通往幸福生活的通行證。
在生活中實踐三個R，避免三個L，可以養成孩子的三大內在能力，落實父母對孩子的愛。

國家圖書館出版品預行編目資料

病是教養出來的. 第三集, 12感官之初階感官 / 許姿妙作.
-- 初版. -- 臺中市：人智, 2014.04
面；　公分. --（教養系列；3）
ISBN 978-986-87522-5-2(平裝)

1.親職教育　2.子女教育　3.病因
528.2　　　　　　　　　　　　103004261

教養系列 003

病是教養出來的（第三集）12感官之初階感官

作　　者　　許姿妙
文字整理　　胡慧文
美術設計　　上承文化有限公司

出　　版　　人智出版社有限公司
　　　　　　地址：台中市南屯區大容東街4號3樓
　　　　　　電話：(04)23109809
　　　　　　傳真：(04)23109809
　　　　　　e-mail：humanwisdompress@yahoo.com.tw
　　　　　　劃撥帳號／22727115
　　　　　　戶名／人智出版社有限公司

總 經 銷　　紅螞蟻圖書有限公司
　　　　　　地址：台北市內湖區舊宗路二段121巷28‧32號4樓
　　　　　　電話：(02)27953656
　　　　　　傳真：(02)27954100

版　　次　　2014年5月　初版一刷
定　　價　　280元
國際書號　　ISBN：978-986-87522-5-2（平裝）

病是教養出來的

第三集

12感官之初階感官

病是教養出來的

第三集

12感官之初階感官